Q. 임기 중 가장 성공적이었다고 생각하는 정책은 무엇입니까?

A. "국민들이 잘 모를 거라고 생각하는 것 가운데 정부혁신이 있습니다. 그 중에서 가장 중요한 것이 대통령비서실 업무관리시스템, 이지원을 만든 것입니다. 그것만 생각하면 그냥, 기분이 좋습니다."

— KBS 특별프로그램

〈참여정부 2년 6개월, 대통령에게 듣는다〉(2005.8.25)

Q. 차기 정부에 물려주고 싶은 것이 무엇입니까?

A. "디지털 정부업무관리시스템(온나라)은 전자정부의 핵심 프로세스입니다. 이건 제대로 갔으면 좋겠습니다."

— MBC 〈100분토론〉(2005.9)

# 이지원, 대통령의 일하는 방식

# 이지원, 대통령의 일하는 방식

초판 1쇄 펴낸 날 / 2017년 5월 12일
    2쇄 펴낸 날 / 2017년 6월 26일

지은이 • 강태영, 민기영 지음 | 펴낸이 • 임형욱 | 디자인 • 예민 | 영업 • 이다윗 |
펴낸곳 • 행복한책읽기 | 주소 • 서울시 종로구 명륜4길 5-2, 403호
전화 • 02-2277-9216,7 | 팩스 • 02-2277-8283 | E-mail • happysf@naver.com
인쇄 제본 • 동양인쇄주식회사 | 배본처 • 뱅크북(031-977-5953)
등록 • 2001년 2월 5일 제300-2014-27호 | ISBN 978-89-89571-98-8 03340  값 • 15,000원

# e이지원, 대통령의 일하는 방식

知園

강태영 민기영 지음

행복한책읽기

# 시스템에 의한 국정운영, 더 이상 늦출 수 없다!

모든 국민에게 자괴감을 준 사상초유의 국정혼란 사태가 있었습니다. 공직사회 역시 자괴감을 느낀 피해자이지만 국민의 입장에선 공직사회 또한 개혁의 대상일 수 있습니다. 특히 사람에 따라 좌지우지되는 공직사회의 일하는 방식이 문제라는 것은 국민 모두가 오래 전부터 알고 있습니다. 공직사회의 일하는 방식은 블랙박스와 같습니다. 누구도 모릅니다. 국정혼란 사태가 발생할 때마다 반복되듯이 누가 의사결정했는지도 모르고 누구 책임인지도 모르는 일하는 방식은 청산되어야 합니다. 시스템에 의한 국정운영과 그것을 위한 공직사회의 혁신은 더 이상 늦출 수 없다고 생각합니다.

공직사회가 시스템에 의해 투명하게, 책임감 있게 일하도록 참여정부는 이지원을 개발하여 활용했습니다. 노무현 대통령이 발명자로서 함께 고민하고 개발한 청와대 업무관리시스템 이지원은 아쉽게도 지난 9년 동안 제대로 활용되지 않고 있습니다. 이지원을 토대로 만든 정부업무관리시스템인 온-나라시스템 또한 최소한의 업무관리와 전자결재시스템 위주로만 사용되고 있는 실정입니다. 참여정부 혁신의 핵심목표였던 '공직사회 일하는 방식 혁신'의 시계가 멈추어 있었던 것입니다.

이런 흐름 속에서 정부업무의 모든 처리과정을 표준화하고 시스템으로 관리하고자 했던 이지원의 철학과 일하는 방식에 대한 책이 나와 다행이라고 생각합니다. 강태영과 민기영 전 비서관은 노무현 대통령과 함께 이지원을 개발하고 정부혁신 변화관리까지 직접 경험했습니다. 저자들은 참여정부 시절 자료를 토대로 이지원의 일하는 방식을 객관적으로 설명하고자 노력했다고 생각합니다. 당시 국무총리로서 정부혁신의 일선 현장에 있었던 제가 보기에도 이지원의 문서관리와 과제관리가 어떤 의미가 있는지를 다시 깨닫게 해주었습니다. 대화체로 서술하면서 최대한 쉽게 설명하려고 애쓴 저자들의 노고에 감사드립니다.

공직사회에서 일하는 사람들이 국민을 위해 투명하고 책임감 있게 일하는 것이 기본인 대한민국이 되어야 합니다. 다산 정약용 선생께서 주신 교훈대로 옳은 것(是)을 지켜 이로움(利)을 얻는 공직사회의 변화를 기대합니다. 공직사회가 솔선수범하여 일하는 방식을 혁신하고 그것이 공공기업과 민간부문으로 확산되기를 바랍니다. 앞으로는 정

권교체와 관계없이 시스템에 의한 국정운영, 시스템 민주주의가 대한
민국 공직사회의 일하는 문화로 정착되어 나갈 것이라고 믿습니다.


—2017년 5월

노무현재단 이사장 이해찬

# '이지원'의 일하는 방식

이지원은 누구일까요? 왜 그 또는 그녀의 일하는 방식을 이야기하려고 하는 걸까요? 지원은 상당히 흔한 이름입니다. 남자와 여자 모두 사용 가능한 이름이며, 부르기도 좋고 듣기도 좋아서일 것입니다. 그럼 이지원은 누구일까요? 사실은 이씨 성을 가진 게 아니라 e씨 성을 가진 'e지원'입니다. e지원은 e메일처럼 '전자(electronic)'를 뜻하는 접두사 'e' 뒤에 '지식의 정원'이라는 뜻의 한자말 '지원(知園)'이 합쳐져서 만들어진 이름입니다. 디지털 정보(전자정보)와 지식이 가득한 정원이라는 의미입니다.

이지원은 2003년 참여정부 출범 이후 노무현 대통령이 팀의 일원으로서 직접 참여하여 개발한 청와대 내부의 업무관리시스템 이름입니다. 청와대 안에서도 가장 아름다운 곳으로 녹지원이 있습니다. 녹지원은 외국 귀빈들의 접견장으로 사용하는 '상춘재(常春齋)'의 앞뜰

인데, 여기서 아이디어를 얻어 지어진 이름입니다. 영어로는 Easy-One, 즉 사용하기 쉽고 편리하게 하나로 통합된 업무관리시스템이라는 의미를 가지고 있습니다.

그러면, 왜 10년이나 지난 지금 이지원의 일하는 방식에 대해 이야기 하려고 하는 것일까요? 그것은 이지원의 일하는 방식은 청와대뿐만 아니라 공직사회의 일하는 방식으로 정착되어야 투명하고 효율적인 정부가 될 수 있다는 노무현 대통령의 철학이 고스란히 담겨져 있기 때문입니다.

최근 한국사회의 큰 이슈가 되고 있는 많은 사건들의 근본 원인을 살펴보면, 정부의 일하는 방식이 과거로 되돌아갔기 때문에 발생한 것이라고 생각합니다. 세상은 스마트하게 변화하고 있는데 공직사회는 오히려 과거의 방식을 고수하고 있습니다. 이제 공직사회가 국민을 위해 제대로 일할 수 있도록 해야 한다는 것이 시대정신으로 부각되고 있습니다. 그래서 이상적이라고 할 만큼 공직사회의 일하는 방식에 대해 고민하고 체계화하려고 노력했던 참여정부 이지원의 일하는 방식에 대해 소개하려고 합니다.

이지원 개발 당시 개발팀에서는 '대통령의 요구사항을 모두 반영하여 개발한다면 10년은 앞서는 개념이어서 공직사회에서 제대로 활용되기 어려울 것'이라고 얘기한 적도 있습니다. 그런데 벌써 10년이 훌쩍 지났습니다. 그 사이 스마트폰이 생기고 정보통신기술도 참여정부 시절과는 비교할 수 없을 만큼 눈부시게 달라졌습니다. 모바일 컴퓨팅, 클라우드 컴퓨팅, 빅데이터 분석 등 최신 기술들을 이지원에 잘 접목한다면 스마트 시대가 요구하는 국정운영의 '알파고(AlphaGo)'가 될 수 있다고 생각합니다.

이 책에서 강조하는 일하는 방식은 단지 정부 또는 공공부문에 종사하는 사람들에게만 적용되는 방식은 아닐 것입니다. 민간 기업 본사 부문 등 비정형업무를 주로 하는 분들에게도 매우 유익한 지혜를 줄 것이고, 학생들의 공부하는 방법에 대해서도 상당한 시사점을 줄 것이라고 믿습니다.

이지원의 일하는 방식이 정부를 비롯한 공공부문의 기업문화로 자리 잡게 되면 더 이상 국민을 실망시키고 국정을 혼란에 빠뜨리는 사건들이 발생하지 않을 것이라고 생각합니다. 물론 쉬운 일은 아닐 것입니다. 참여정부 청와대에서 이지원을 중심으로 한 정부혁신의 변화관리를 직접 추진했던 경험이 있고, 민간 기업에서도 유사한 경험을 해 보았기에 일하는 방식을 바꾼다는 것이 얼마나 어려운 일인지 잘 알고 있습니다.

그러나 지금이 공직사회가 변화할 수 있는 중요한 시점이라고 생각하기에 이지원의 핵심 내용을 책으로 세상에 내야 하겠다고 결심한 것입니다. 이 책을 통해 많은 국민들이 최소한 정부의 모든 구성원들은 이지원의 일하는 방식으로 투명하고 책임감 있게 일해야 한다고 공감하며, 또 그렇게 바뀌도록 요구할 것이라고 믿기 때문입니다.

이지원 개발에 대한 내용은 부록에 소개하고, 본문은 이지원의 시스템 내용보다는 이지원이 원하는 일하는 방식을 중심으로 책을 구성했음에도 불구하고 이해하기 쉽게 전달하는 데 많은 한계를 느꼈습니다. 그런 한계를 극복하기 위해 저자 둘이 역할을 분담하여, '민대표(민기영)'가 질문하고 '강박사(강태영)'가 대답하는 형태로 서술했습니다.

민대표는 참여정부 마지막 업무혁신 비서관으로서 이지원의 개발 시작단계부터 끝까지 고민을 했었기에 전체적인 역사성 속에서 질문하는 역할을 합니다. 강박사는 이지원의 개발 기획부터 완성까지, 또 이지원의 정부 확산사업과 변화관리 업무를 리드한 경험이 있기에 숲과 나무를 함께 보고 대답하는 역할을 맡기로 했습니다.

이 책의 주요내용은 참여정부 대통령비서실에서 2006년 3월에 발간한 330페이지에 달하는 『e知園 개발백서(Easy-One White Paper)』와 『참여정부 국정운영백서 7권 정부혁신편』에 수록된 '시스템혁신, 투명한 비서실'과 '정부 업무관리의 새로운 지평을 열다: 온-나라(On-Nara) 업무관리시스템' 부분을 참고했습니다.

그 외에도 여러 권의 책과 사례를 참고하여 정리해 이지원의 사상과 철학을 이해하는 데 돕고자 하였으나 필자들이 정리한 내용이 이지원이 추구했던 본래 의도를 제대로 표현하지 못한 경우도 있을 것이라고 생각합니다. 그 모든 책임은 필자들에게 있을 것이며, 책이 세상에 나온 이후라도 지속적으로 수정하고 보완하여 이지원의 일하는 방식을 완성해 나갈 것을 약속드립니다.

—2017년 5월

강태영(연세대학교 산학 협력단 연구교수)

민기영(씨플랫폼서비스주식회사 대표이사)

차례

# [말씀과 에피소드] 차례

# 1

일하는 방식 혁신이
필요한 이유

# 1. 일하는 방식 혁신이 필요한 이유

국민 대다수는 "정부의 일하는 방식은 비밀" 이라는 얘기를 듣고 살았다. 1997년 국민의 국정참여와 국정운영의 투명성 확보를 위해 정보공개법이 제정되었지만 정부의 일하는 방식은 크게 달라지지 않았다. 행정학을 전공하는 학자들조차 정부의 일하는 방식을 파악하기 위한 구체적인 자료를 확보하기란 쉽지 않은 것이 현실이다. 특히 청와대, 즉 대통령비서실이 하는 일은 모두가 국가기밀이라 누가 어떤 지시를 내리고 어떻게 일했는지 알 수가 없다. 오히려 조선시대엔 승정원일기와 조선왕조실록이 있었는데 말이다.

그래서 정부의 일하는 방식을 바꿔 보려고 노력한 시절이 있었다. 참여정부다. 그럼, 참여정부 청와대는 무엇이, 어떻게 달랐던 것일까?

**민대표:**

참여정부가 2003년 출범하면서 가장 강조했던 것 중 하나가 정부혁신이었고, 그 중심에 정부의 일하는 방식 혁신이 있었습니다. 참여정부에서는 왜 청와대 내부 업무를 투명하게 관리해야 한다고 생각했나요? 그리고, 그 방법은 무엇이었는지 궁금합니다.

**강박사:**

제왕적 대통령 하에서 청와대는 국민들에게 많은 실망과 분노를 준 경우가 많았습니다. 한편으로는 두려움의 대상으로 인식되면서도, 다른 한편으로는 '청와대 말 한마디면 다 된다'는 그릇된 인식을 심어 주었죠. 그러다 보니 이를 악용하려는 행태들이 비일비재하게 일어났습니다. 이에 어떤 형태로든 청와대가 변화해야 대한민국이 바로 선다는 시대적 요구가 참여정부 출범을 즈음하여 자연스럽게 국민적인 공감을 얻었다고 생각합니다.

민주화시대를 거치면서 청와대의 어두운 장막은 서서히 걷혀왔고, 투명과 개방의 시대로 나아가고 있었기 때문에 더 정의로운 나라를 만들기 위해서는 국가운영이 투명해야 한다고 생각했던 것입니다. 청와대, 즉 대통령비서실도 이러한 변화의 물결에서 예외가 될 수 없었고 오히려 이를 주도해 나가야 한다고 노무현 대통령은 강하게 주장하셨습니다. 그래서 이지원을 만들어 대통령비서실의 일하는 방식 혁신을 추진했던 것입니다. 이지원을 통한 일하는 방식 혁신으로 과거의 권위주의적 문화를 과감히 청산하고 불필요한 권력을 국민들에게 돌려주어야 한다는 역사적 당위에서 출발한 것입니다.

**민대표:**

참여정부 이지원이 그러한 시대적, 역사적 사명감을 가지고 출발한 것을 알게 되니, 이지원의 철학을 잘 전달할 수 있을지 걱정이 되기도 하네요. 그렇다면 이지원을 통한 일하는 방식은 청와대의 권위주의적 문화를 청산하는 것이 주된 목적이 있었다고 이해하면 되는 건가요?

**강박사:**

맞습니다. 노무현 대통령은 청와대도 정부의 한 부분으로 봐야 하고, 궁극적으로 정부 전체의 일하는 방식이 투명하게 시스템으로 관리돼야 한다고 하셨습니다. 그러나 추진방법은 시대적, 역사적 배경이 무겁다고 해서 일하는 방식 혁신 자체도 무겁고 어렵게 접근해서는 안 된다고 하시면서 쉽게 정부 전산화의 일부로 출발하자고 하셨습니다. 그렇게 만들어진 것이 이지원입니다. 이지원은 청와대 업무프로세스를 정의하고, 자료의 축적과 공유체계를 확립해서, 불투명한 보고체계를 정비하고, 과제를 효율적으로 관리하자는 것이었습니다. 그래서 국정운영 상황을 언제든지 확인하고 점검할 수 있도록 하는 것이 구체적인 목표였습니다.

정부에 종사하는 모든 사람은 이지원 같은 IT(Information Technology) 시스템을 통해 자기가 하는 일이 드러나게 만들어야 권위주의 문화를 청산할 수 있다고 생각하신 것입니다. 이지원의 일하는 방식 혁신은 곧 '시스템 혁신'이었으며, '시스템을 통한 국정운영'이 가능하도록 하는 수단이었습니다.

**민대표:**

네. 헌데 일반적으로 IT(정보기술)시스템을 강조하다보면 오히려 부작용도 있었을 것 같은데요. 그 당시엔 정부에서 일하는 사람들이 IT세대가 아닌 경우도 많았을 텐데, 정부의 일하는 방식 혁신을 '시스템 혁신'으로 추진했던 이유가 궁금합니다.

**강박사:**

단순히 권위주의를 타파하자고 목청만 높인다고 권위주의가 사라질까요? 과거 정부에서도 행정개혁을 추진했지만 공직사회의 문화나 행태까지 바꾸지는 못했습니다. 문화나 행태를 바꾸려면 단순한 구호나 정신교육을 넘어서는 고도의 전략과 지속성이 수반되어야 가능합니다. 그래서 노무현 대통령이 던진 화두가 바로 '시스템 혁신'이었습니다. 사전적 의미로 시스템은 '생산성을 높이기 위해 관련된 요소들을 정해진 법칙에 따라 연결하는 것'을 의미합니다. 주로 업무효율화를 위한 방편으로 많이 사용하고 있습니다.

이지원의 '시스템 혁신'은 세 가지 의미를 가진다고 생각합니다. 첫째는 시스템을 통해 제대로 된 정책을 만들어 내자는 것입니다. 공장을 예로 들면 생산라인의 효율성은 라인이 잘 설계되어 있느냐 안되었느냐에 달려 있습니다. 또 그 라인을 어떻게 잘 운영하고 개선해 가느냐에 따라 속도도 빨라지고 품질도 달라지는 것입니다.

둘째는 시스템 혁신을 통해 시간의 가치를 높이자는 것입니다. 대통령 스스로도 "(시스템을 활용하니) 우선 대통령인 저 자신의 시간

관리에 여유가 생기게 되고 그에 따라 멀리 내다보며 중요한 일을 보다 깊이 생각하고 공부할 수 있게 되었다"고 말씀하신 바 있습니다.

셋째는 시스템을 통한 업무 수행으로 인치(人治)나 불합리를 제거하고 민주주의를 완성하자는 것입니다. 즉, '시스템 민주주의'를 추구하자는 의미입니다. 사람에 따라 일이 달라지지 않도록 시스템을 토대로 일하게 하여 정책의 일관성을 담보하고, 또 투명하게 정부조직을 운영해야 한다는 것입니다. 시스템 혁신은 작게는 행정의 효율성을 높이는 일이었지만, 크게는 우리 사회의 권위주의를 제거하고 자율과 투명의 시대로 나가는 소리 없는 혁명의 시작이었습니다.

**민대표:**

시스템 혁신의 의미와 장점을 아무리 잘 설명해도 그때나 지금이나 공직사회의 분위기가 시스템에 의해 투명하게 일한다는 것에 대한 반감이 상당히 컸으리라 생각합니다. 이런 문제는 어떤 방식으로 해결해 나갔는지, 그리고 어떤 결과를 가져 왔는지 궁금합니다.

**강박사:**

시스템을 강조하다 보면 자칫 '시스템 만능주의자'로 낙인찍힐 가능성이 있습니다. 그런 문제점은 참여정부 청와대에서도 예외는 아니었습니다. 변화관리 전담부서를 두고 지속적으로 교육하고 소통하며 지원하는 노력이 매우 중요합니다. 이를 위해 참여정부에서는 비서실 조직 및 인력운영의 효율화를 미션으로 하는 PPR(Policy Process

Reengineering, 업무프로세스개선)비서관실을 신설했습니다. 이를 통해 역대 어느 정부 대통령비서실에서도 시도하지 못한 상시적 조직진단작업과 변화관리가 추진되었습니다. 모든 조직효율화 작업이 그렇듯이 처음 시도되는 일이라 많은 직원들이 불편해하고 PPR비서관실을 좋아하는 사람이 별로 없었습니다. 그 당시 PPR비서관실에 근무했던 한 행정관은 그때의 추억(?)을 이렇게 풀어놓기도 했습니다.

"초기부터 청와대에 계셨던 분들이라면 PPR을 기억할 것입니다. 이름도 공무원 스럽지 않은 'Policy Process Reengineering' 이라는 부서가 있었지요. 목표설정, 업무매뉴얼, 과제분류, 조직개편, 평가, 디지털청와대(추후 e지원으로 변경)… 청와대에서는 모두 처음 시도하는 일이 대부분이었던지라 밤 10~11시에 퇴근하면 정시퇴근, 새벽 1~2시쯤 퇴근해야 야근인 생활이 연속되었습니다. 그러나 이런 업무들을 담당했던 PPR은 그야말로 '일하고 욕먹는' 부서였습니다. "우리가 무슨 모르모트냐" "PPR 밤길 조심해라~" "PPR때문에 피터진다" 저도 집에서 나름 곱게 자랐는데, 평생 들을 욕은 여기서 다 들었습니다. 그래도 다들 바쁘신 분들한테 '이 일, 저 일 시키는 입장이니까 전화도 친절하게 받고, 설명도 자세하게 해주자' 라는 모토로 살던 중 - 그러던 어느 날, "PPR이 매일매일 선물을 안겨주시잖아요~"하면서 비아냥을 담은 전화를 받게 되었고… 그 이후에 화장실에 휴지가 동이 나도록 눈물, 콧물을 짜냈습니다."[1]

**민대표:**

PPR이라는 부서가 이름만 들어도 무서울 정도로 변화관리를 해서 청와대의 일하는 방식을 혁신했다는 것인데요. 그것이 변화관리의 핵심이었나요? 어떻게 '정부의 일하는 방식은 비밀'이라는 통념을 깨고 모든 업무를 투명하게 기록하고 효율적으로 관리하도록 만들었는지 궁금해지네요?

**강박사:**

PPR의 역할만으로는 불가능했습니다. 노무현 대통령이 5년 내내 수석보좌관회의나 혁신학습을 통해 이지원을 통한 일하는 방식 혁신을 강조하셨습니다. 또한, 이지원으로 보고 받고 피드백을 주는 등 대통령 스스로 이지원으로 일하는 모범을 보이셨습니다. 제도적으로도 이지원 활용 정도를 부서별 평가의 중요한 요소로 삼는 등 강력한 리더십을 발휘했기 때문에 가능했습니다.

변화관리의 핵심 메시지는 정부의 모든 업무가 효율적이고 투명하게 집행될 수 있도록 행정업무 처리의 모든 과정을 표준화하고 시스템화함으로써 일하는 방식을 혁신하는 데 대통령비서실이 앞장서자는 것입니다. 이를 통해 국민의 입장에서 제기한 민원이나 행정서비스가 어떠한 과정을 거쳐서 처리되는지를 투명하게 알 수 있도록 하고, 공무원 입장에서는 정책 수립 및 집행과정을 투명하게 관리하여 행정업무를 책임 있게 처리하고, 또한 문제가 발생했을 때 책임소재를 명확히 규명하도록 한 것이었습니다.

노무현 대통령은 "우리가 업무를 체계적으로 관리하고 기록하는 이유는 첫 번째는 일하는 사람이 자기 목표를 분명하게 가지고 일을 빠짐없이 수행할 수 있게 하기 위해서이며, 조직이 업무를 할 때 사람이 혼자 10년씩 일하는 것이 아니고 1년에 한 번씩 사람이 바뀔 수 있다는 것을 전제로 해서 새로운 사람에게 일을 인수인계 하는 데 꼭 필요한 기록을 남기는 것이 두 번째 이유고, 세 번째는 부서 상호간 또는 업무 지휘 감독자가 업무를 파악하고 지휘 감독하는 데 이해하기 쉬운 정도로 업무들의 분장이 있어야 하기 때문입니다. 그래서 한 번 효과적인 길을 찾아서 일이나 업무 과정을 개선했을 때 또 다른 개선이 있을 때까지는 최소한 개선의 효과가 그대로 지속돼야지, 그것이 유실돼 버리고 다음 사람이 똑같은 시행착오를 하는 일이 없도록 해줘야 됩니다. 이것이 지금 우리가 효율적인 업무관리와 기록에 대해 고민하는 이유"[2]라고 강조하셨습니다.

**민대표:**

일하는 사람 입장에서 업무목표를 달성하기 위해서는 누구와 협력하고 어느 길로 가야 할지 알 수 있도록 해준다니 이지원은 마치 요즘 많은 사람이 필수적으로 활용하고 있는 자동차 내비게이션(Navigation)과 유사한 역할을 한 것 같습니다.

**강박사:**

정확히 이해하셨습니다. 추가적으로 말씀드린다면, 이지원은 일하는 과정 속에서 가장 효과적으로 또는 효율적으로 일하는 방법(何=어찌하, Know-How)까지도 깨닫게 해 줄 수 있다는 측면에서 '하(何)지원'이라고 할 수 있습니다. 일의 결과물은 물론이고 다른 사람들이 일하고 생각하는 방식, 관련된 자료까지 공유하고 재활용할 수 있기 때문입니다.

**민대표:**

이지원과 하지원, 비록 성은 다르지만 동명이인 같은 느낌이 듭니다. 온라인상의 지식의 정원을 어떻게 잘 활용할 수 있는지를 강조한다면 하(何)지원이라는 이름도 좋은 것 같네요.

# 시스템 혁신에 대한 대통령 말씀

참여정부는 '구조조정' 에 중점을 두었던 과거와는 달리 '행정의 기본틀' 과 '일하는 방식' 을 바꿔나가고 있다. 행정의 '소프트웨어' 를 바꾸고 여기에 맞춰 '하드웨어' 가 개혁되도록 하겠다는 것이다. 이때의 중요한 원칙은 '효율성' 이다.

＊출처: 참여정부 100일 무엇이 달라졌나(청와대브리핑, 2003. 6)

우리 사회가 구체적인 시스템에 있어서 불합리한 부분이 너무 많고 아직 부실한 것도 너무 많습니다. 이런 시스템을 완비하지 않으면 우리 사회를 효율적으로 운영해 나가기가 어렵고, 결국 합리적인 사회로 나가기가 어렵습니다. 그 토대를 개혁하지 않고 경쟁력을 얘기하는 것은 모래 위에 집을 짓는 것과 마찬가지입니다.

이제는 새로운 시대에 맞도록 시스템들을 완전히 정비해 나가야 합니다. 과거의 부조리한 시대에 만들어졌던 낡은 제도와 관행을 털어내고 합리적이고도 효율적인 시스템을 다시 정비해 나가야 합니다.

그래서 우리 한국 사회에 여러 가지 큰 목표가 있지만, 그 중에 아주 중요한 것은 시스템 개혁입니다.

＊출처: 수석보좌관회의(2004. 7)

# 디지털청와대(이지원) 추진에 대한 대통령 말씀

조달, 관세 등 정부의 개별 전산시스템은 굉장히 잘 되어 있는데 행정 프로세스만 제대로 전산화가 안 되어 있습니다. 업무 전산화를 위한 데이터베이스 등 기술적 프로그램은 최고 수준에 도달해 있습니다. 그런데 정작 그 중요한 일을 해 나가는 의사결정 과정이나, 이것이 어떤 아이디어에서 시작되고 어떤 회의에서 결정되고 어떤 절차를 거쳐서 되고 있는지, 현재 어떤 시책들이 몇 개나 되고 있는지 알아볼 수가 없습니다. 어떤 문제가 생겨서 구체적 사안을 알고 싶으면 한밤중이라도 전화해야 합니다. 그 후 장관이 비상 걸어 자료를 찾아서 보고할 때까지 기다리고 있을 수밖에 없는 것이 현실입니다. 모든 프로그램들이 제대로 다 되어 있는데 대통령이 보려면 아무 것도 없습니다. 정책은 주민등록이나 업무 실적처럼 통계로 나타낼 수 있는 부분은 적고, 엿가락처럼 늘어지기도 하고 모든 일이 보고서 형태로만 이루어지기 때문에 이는 진행일지의 역할을 하고 있을 뿐입니다. 그렇게 복잡한 것이 아니기 때문에 일지가 가장 중요합니다. (중략)

컴퓨터에서 보고받을 때도 비슷한 환경과 포맷으로 만들어져야 합니다. 전산으로 업무를 하려면 기존의 업무 방식을 많이 바꿔야 하고,

메모 하나도 파일에 축적되어야 하기 때문에 입체적 선반을 따로 만들어야 하는데 이것마저도 업무 방식을 많이 다르게 할 것입니다. (중략)

디지털청와대의 개념을 너무 거창하게 설정하지 말고 정부전산화의 일부로 생각해야 합니다. 업무프로세스를 개선하고, 자료 축적 및 공유 체계 확립, 복잡한 보고체계 정비와 과제의 효율적 관리 등을 통해 국정을 언제든지 확인하고 점검할 수 있도록 하는 것이 디지털청와대의 목표입니다. 대통령 정보시스템은 개념적으로는 있지만, 별도로 있는 것이 아닙니다. 청와대 업무 포털보다는 정부 포털 개념으로 가고 청와대는 그 일부입니다. 청와대도 정부의 한 부분으로 봐야 합니다.

*출처: 디지털청와대 추진팀 대통령 보고(2003.7.1)

# 이지원이란 이름 어떻게 만들어졌나?

이지원이란 이름은 디지털청와대 구축 사업이 마무되어가던 2003 년 10월경 비서실 직원들을 대상으로 실시한 명칭공모와 투표로 확정 되었다. 명칭공모에서 후보로 올라온 것은 ① 이지원(e知園, 디지털 지식정원), ② 우리들(노무현 대통령이 국회의원시절 개발한 업무관 리 프로그램 명칭), ③ e청와대(디지털청와대) 등이었다. 이들을 가지 고 비서실 직원들에게 선호도 투표를 실시한 결과 46.2%의 지지를 받 은 이지원으로 확정되었다. 2위로는 e청와대(디지털청와대)가 44.1% 로 박빙의 승부였다. 투표결과를 연령대별로 살펴보니 젊은층은 이지 원을, 연배가 있으신 분들은 e청와대를 더 선호했었는데, 참여정부 청 와대는 그만큼 젊은층이 많았다.

그 당시 젊은층이 이지원을 선택한 데는 이런 이유도 있었다. 어떤 드라마의 열혈 팬을 '폐인'이라는 말로 표현하기 시작한 드라마가 2003년 여름을 뜨겁게 달군 이서진, 하지원 주연의 〈다모(茶母)〉가 아 닌가 싶다. 이 시기가 바로 〈다모〉가 종영한 지 얼마되지 않은 시점으 로 하지원의 인기는 엄청났다. 그래서 하지원을 잊지 못하던 젊은 직 원들의 무의식을 자극했던 것은 아닐까? 이지원 오픈 초기 변화관리

교육을 부서별로 실시했었는데 그때 "이지원하면 생각나는 것이 뭐냐"고 물어보면 장난처럼 "하지원이요"라고 답하는 직원들도 있었다.

사실 이지원이란 명칭은 청와대의 오프라인엔 녹지원이 있고 온라인엔 이지원이 있다는 의미다. 녹지원은 외국 귀빈들의 접견장으로 사용하는 '상춘재(常春齋)'의 앞뜰로 청와대를 대표하는 정원이다. 이처럼 이지원도 청와대의 디지털 지식정원을 대표하는 공간이면서 '사용하기 쉽게 하나로 통합된 업무관리 시스템'으로 청와대의 또 하나의 상징이 되자는 것이었다. 처음에 노무현 대통령은 이지원이라는 이름을 별로 마음에 들어 하지 않으셨다. 너무 청와대로 한정된 이름이라고 생각하셨지만 직원들의 인기투표 결과를 번복하지 않고 존중해 주셨지만 마음 한구석에 불편함이 없었던 것은 아니다. 그러나 이지원 설명회가 있을 때마다 이지원의 의미를 설명하면 많은 분들이 이름 너무 잘 지었다는 말씀을 하시곤 해 그나마 위로가 되기도 했다.

＊출처: 『대통령 없이 일하기(2017)』 참여정부 이지원 이야기 中

# 2

이지원과 시스템 민주주의

# 2. 이지원과 시스템 민주주의

우리나라는 민주주의 국가다. 헌데 민주주의가 뭔지 물어보면 정확하게 답하지 못하는 경우가 많다. 특히, 민주적으로 의사결정을 한다는 것이 무엇인지에 대해 물으면 대부분 다수결의 원칙을 이야기한다. 틀린 얘기는 아니지만 정답도 아니다. 민주적으로 의사결정을 한다는 것은 세상에 다양한 사람들의 의견을 수렴하여 대화하고 타협하면서 합의점을 찾아가는 과정일 것이다. 정부의 일하는 방식도 이러해야 한다. 그러나 정부의 일하는 방식은 권위주의와 부처 간 장벽으로 투명하고 효율적인 의사결정을 방해하고 있다. 어떻게 하면 업무처리 과정에서 함께 공유하고 토론하며 의사결정을 해나갈 수 있을까? 이지원의 '시스템 민주주의' 구현을 위한 일하는 방식 설계는 간단치 않은 작업이었다.

**민대표:**

'시스템 민주주의'를 구현하기 위한 이지원 개발 과정에서 노무현 대통령이 강조했던 것은 무엇이었는지 궁금합니다.

**강박사:**

이지원 개발의 기본방향에 대해 노무현 대통령은 다음과 같이 언급한 바 있습니다. "아무리 시스템이 정교하고 훌륭해도 사용자들이 소화하지 못하면 아무 소용없습니다. 사용자들의 적응 기간을 최단시간으로 해 줄 수 있어야 합니다. 행정업무의 기본 포맷은 보고서이고, 계량화하기 어려운 경우가 많습니다. 통계적인 숫자보다는 일지 형식으로 추진 과정을 기록하는 것이 더 유용할 수 있습니다. 보고서를 보면 형태가 거의 비슷합니다. 이것을 전산화해도 현실과 비슷하게 해야 합니다. 현실의 업무환경에 가장 가까울 때 시스템의 수용도가 높아질 것입니다."[3] 이지원은 기존에 활용되고 있는 보편적인 시스템을 정부 일에 맞추는 것이 아니라, 아예 처음부터 정부 업무의 특성에 맞게 새로운 표준을 만들어 가는 것이라 더욱 어려운 일이었습니다.

**민대표:**

사용자의 편의성과 현실적 업무환경을 고려해 설계했다는 것은 알겠지만 그것이 '시스템 민주주의'와 무슨 상관이 있는 것인지 잘 이해가 안 되는데요. 이 부분에 대해 더 설명해 주세요.

**강박사:**

이지원은 노무현 대통령이 개발팀의 일원으로 참여한 것부터 민주적이었습니다. 지시가 아니라 의견을 내고 함께 토론하고 합의해 가는 과정을 거친 것입니다. 개발 과정에서는 문서관리 등 큰 개념에 대한 토론은 물론이고 소소한 시스템 개발 내용에 대해서도 많은 토론이 있었습니다. 한 예를 들면 개인들이 보는 화면 구성에 대해서도 "대통령이든 장관이든 국장이든 같은 개념을 가지고 있어야 한다" 는 결론을 도출하기도 했는데요. 지위고하에 관계없이 화면이 통일되어 있어야 의사소통이 쉽기 때문입니다. 다른 점이 있다면 대통령은 위로 보고할 곳이 더 이상 없고, 장관의 경우 대통령에게 보고도 할 수도 있고, 수평으로도 할 수 있다는 정도였습니다. 이처럼 소통의 방향 측면에서만 다를 뿐 대통령, 장관, 국장, 과장, 일반 직원이 다 유사한 개념을 가지고 있어야 하고, 유사한 개념을 가지고 화면과 인터페이스가 구성되어야 함을 강조한 것입니다.

참여정부에서는 국정전반의 운영시스템에서 그간의 '청와대-총리-행정부' 의 수직적 관계를 수평적 협력관계로 새롭게 정리하였기 때문에 이러한 개인화면 구성이 중요한 의미를 가진다고 할 수 있습니다. 이러한 변화와 함께 비서실 내부운영에 있어서도 대통령과 일부 핵심 측근만이 정책을 독자적으로 결정하는 것이 아니라 회의와 토론을 통해 의제를 발굴하고 보고과정에는 사전에 관련부서와 협의하고 공유하는 체계를 구축한 것입니다. 이는 과거의 권위주의와 부서간 장벽을 깬 '새로운 리더십과 시스템' 에 의해 국정을 운영한 것이라고 할 수 있습니다. 혁신의 효율성을 높이기 위한 시스템 정착을 참여정부의 중요한 목표로 하고, 궁극적으로는 '시스템과 매뉴얼' 만 있으면 자연스럽게 돌아가는 시스템 민주주의를 혁신의 목표로 천명했던 것입니다.

**민대표:**

네. 개발 과정과 콘셉트 모두가 민주적 의사결정 과정을 실천한 것이었네요. 이지원이 어떤 모습으로 구현되었고 어떻게 활용되었는지 궁금합니다만, 그 전에 우선 이지원 개발 과정을 간략히 소개해 주세요.

**강박사:**

이지원은 행정업무 처리과정 전체를 표준화하고 시스템화하는 것이 목표였는데, 세계적으로도 유례가 없는 첫 시도였습니다. 그 개발 과정은 창조적인 아이디어를 만들어 내기 위한 고민의 자취라고 할 수 있습니다. 특히 선례가 없이 새롭게 모든 것을 체계화하는 과정이었기 때문에 행정업무에 대한 분석과 개발을 동시에 진행했습니다. 그 과정에서 수많은 아이디어가 제안되었지요. 또 그런 아이디어들을 IT시스템으로 구현하기 위해 끊임없는 토론이 이어져 이지원 개발 회의를 천일야화(千一夜話) 즉, Never Ending Story에 비유하기도 했습니다.

그 개발 과정을 간단히 요약하면, △ 2003년 3월 청와대 최초의 그룹웨어 도입을 시작으로 △ 디지털청와대 구축을 위한 정보화 전략(ISP, Information Strategy Planning) 수립 △ 디지털청와대 1차 구축사업: 업무일지 기록 방식 중심의 e지원 오픈 △ 디지털청와대 2차 구축사업: 문서관리시스템 구축 △ 디지털청와대 3차 구축사업: 과제관리시스템 구축 등 단계적으로 고도화되었습니다. 보다 자세한 개발 과정은 "부록1. 참여정부 청와대 업무관리시스템 이지원 개발 과정"을 참조해 주시면 좋겠습니다.

**민대표:**

네. 이지원의 핵심기능은 무엇이었고 전제적으로 어떤 기능들로 구성되어 있었는지 궁금한데요. 최대한 간단하면서도 이해하기 쉽게 설명해 주세요.

**강박사:**

정말 어려운 주문입니다. 〈그림 1〉 청와대 업무관리시스템 이지원 개념도를 가지고 개략적으로 설명해 보도록 하겠습니다. 이지원의 핵심기능은 ①문서관리와 ②과제관리입니다. 가장 가운데 크게 배치되어 있는 것만 봐서도 알 수 있습니다. 정부 행정업무는 거의 모두 문서보고로 이루어지기 때문에 문서를 통해 일하는 모든 과정과 결과물을 시스템적으로 관리하기 위한 기능이 ①문서관리입니다. 문서보고 이외의 형태로 하는 일까지 모두 포함하여 정부업무 전체를 과제로 분류하고, 과제 단위로 업무의 목표, 계획과 실적을 시스템적으로 관리하는 기능이 ②과제관리입니다. 시스템 민주주주의 핵심으로 문서관리와 과제관리를 설정했으며, 이를 통해 민주적 의사결정이 시스템적으로 이루어지도록 한 것이 바로 이지원입니다. 각각에 대하여 다른 기능들과 연계성 측면에서만 우선 설명하겠습니다.

## 〈그림 1〉 청와대 업무관리시스템 이지원(e知園) 개념도

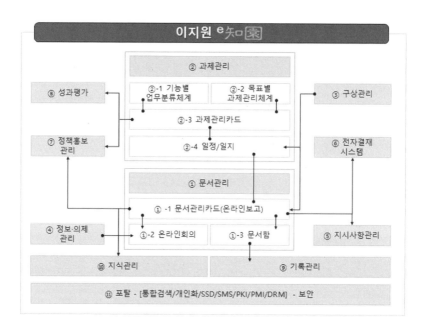

①문서관리는 문서관리카드를 기반으로 (①-1)온라인보고와 (①-2)온라인회의(디지털회의)를 할 수 있도록 구성하였고, 문서관리카드로 보고된 문서는 (①-3)문서함에 부서 단위로 축적되도록 했습니다.

②과제관리는 조직의 역할을 정의한 (②-1)기능별 업무분류체계와 조직이 달성해야 할 목표를 정의한 (②-2) 목표별 과제관리체계를 토대로 조직 전체 차원의 역할과 목표에 맞게 개인별 과제가 (②-3)과제관리카드로 관리되도록 구성했습니다. (②-3)과제관리카드는 과제별 목표와 계획 그리고 추진실적을 관리할 뿐만 아니라 다른 기능들과 연계하여 이중입력을 최소화했습니다. 문서관리카드를 작성할 때 과

제를 선택하도록 설계해 과제별로 관련문서가 자동으로 축적되도록 하고, 문서로 작성하지 않는 일들은 (②-4)일정과 일지관리를 통해 축적되도록 해서 문서와 비문서 형태의 두 가지 일들을 모두 관리될 수 있도록 했습니다. 또한 ⑦정책홍보관리와 연계하여 과제의 기획부터 각각의 실행 단계에서 국민에게 제대로 정책을 알리는 노력을 하는 데 기여토록 했습니다.

한편 ⑧성과평가와도 연계하여 (②-3)과제관리카드에 기록된 실적을 토대로 공정하고 투명한 성과평가가 이루어지도록 했습니다.

이렇게 ①문서관리와 ②과제관리를 기반으로 축적된 모든 자료는 ⑨기록관리 및 ⑩지식관리에 연계되어 행정업무의 전 과정이 기록으로 남을 뿐만 아니라 업무 인수인계와 지식 재활용이 가능하도록 했습니다.

그 외에도 정책아이디어를 능동적으로 관리하기 위한 ③구상관리, 수집정보를 관리하는 ④정보의제관리, ⑤지시사항관리, ⑥전자결재 시스템으로 구성되었습니다. 이지원이 구축되기 이전에는 ⑥의 전자결재를 통해 최종 결재한 문서처리만 시스템으로 관리했었다면, 참여정부에서는 ①~⑩까지 일하는 모든 과정을 시스템에 의해 관리하도록 해 모두 기록으로 남길 수 있도록 한 것이 특징적입니다. ⑪포털 기능은 직급에 따라 권한을 관리하는 등 보안도 철저하게 유지될 수 있도록 했습니다.

개념적으로 크게 설명하기 위해 11개로 나누어 간략히 설명했는데, 쉽게 이해되는지 모르겠습니다. 보다 자세한 내용은 3장에서 설명하도록 하겠습니다.

**민대표:**

이지원이 기록관리 중심인 것으로 알았는데 생각했던 것보다 훨씬 다양한 기능이 유기적으로 연계되어 있는 시스템이었네요. 그러나 복잡한 기능들은 아직 다 이해하지는 못 했는데 3장에서 이지원의 일하는 방식 관점에서 설명해 주신다고 하니, 지금은 이지원으로 일을 시작한 이후 참여정부 청와대에는 실제 어떤 변화가 있었는지를 알고 싶습니다.

**강박사:**

아마도 대통령부터 행정관까지 이지원에 의한 일하는 방식이 제대로 작동했을까 의심할 수도 있을 텐데요. 당연한 의심이라고 생각합니다. 이지원 도입의 효과를 정량적인 가치로 환산하는 것은 매우 어렵고, 또 지금은 그렇게 할 수 있는 데이터들도 구할 수 없으니 몇 가지 사례로 설명을 대신하고자 합니다.

이지원이 처음 도입되었을 때 시스템으로 일하는 방식에 익숙하지 않아 많은 사람들이 어려움을 호소했습니다. 오히려 더 불편해졌다는 일부 의견도 있었습니다. 그러나 불과 3개월도 지나지 않은 시점부터 이지원 없이 대통령에게 보고하고 업무를 하는 것은 상상하기 어렵게 되었습니다. 투명하고 신속한 처리와 편리한 조회 기능, 내가 직접 대통령에게 보고한다는 자부심, 역사적 기록을 남긴다는 책임감이 빠른 시간 내에 청와대 직원들에게 익숙해진 것입니다. 물론 모든 보고는 이지원으로 받겠다는 대통령의 강력한 의지표명이 있었기 때문이기도 했지만요. 이러한 경험 때문에 대통령비서실에서 근무하다가 정부 부처로 복귀한 공무원들이 정부 부처에도 이러한 시스템이 빨리 도입되어야 한다고 얘기한 경우도 많았습니다. 결국 이지원 도입은 무엇보다도 대통령비서실의 업무처리 문화를 통째로 바꾸게 된 것입니다. 그 결과 모든 보고는 기록으로 남겨야 한다는 문화가 자리 잡게 되었습니다. 업무처리과정이 상세하게 드러남으로써 '독단이나 편견, 무능과 무책임, 늑장 처리'가 설 땅을 잃었습니다. 윗사람에게 결재하고 잘 보이는 데 노력을 집중하기보다는 업무를 효율적으로 처리하고 보고서를 잘 쓰는 데 시간을 더 많이 보내게 되었습니다. 대통령도 예외적인 경우를 제외하고는 이지원에 의한 온라인보고가 아니면 보고를 받지 않았습니다.

이러한 문화적인 변화의 가장 중요한 효과로 업무품질의 향상을 들 수 있습니다. 정책을 처리한 모든 과정이 기록으로 남아있기 때문에, 이지원 도입 이후에는 어떤 정책을 추진하고자 할 때 몇 번의 검색만으로 관련 보고서 또는 추진일지를 찾아서 과거의 사례를 참고할 수 있었습니다. 뿐만 아니라 의사결정자도 하위의 정책결정 과정을 한눈에 파악하여 올바른 결정을 내리는 데 큰 도움이 되었습니다. 또한 업무수행의 책임성과 투명성이 강조되기 때문에 정책실명제가 자연스럽게 구현되고, 업무정보 및 지식정보의 공유가 상당히 활발하게 된 것도 중요한 효과 중 하나입니다. 특히 참여정부의 기록관리는 이지원을 통해 과거 어느 정부보다 철저하게 이루어져서 역사적으로도 큰 의미를 가진다고 생각합니다.

이 외에 효율적인 업무수행이 가능하게 된 사례는 몇 가지 통계로도 확인할 수 있습니다. 업무 담당자가 보고서를 작성하여 대통령에게까지 보고된 후 최종적으로 처리되는 시간을 계산하면 과거에는 아주 긴급한 사안을 제외하고는 짧아야 일주일 내지 보통 몇 주, 어떤 경우는 대통령 보고 일정을 잡지 못해 몇 달씩 걸리기도 하는 것이 보통이었습니다. 그러나 이지원이 도입된 이후에는 보고서 작성을 위한 자료수집 및 참고자료 준비 등에 드는 시간과 보고서 검토 등 중간과정에서의 불필요한 대기시간을 획기적으로 줄일 수 있게 되었기 때문에 평균 하루 내지 이틀 안에 대부분 처리된 것으로 보입니다. 실례로 어느 보고서의 경우 작성자가 보고를 올리고 20분 만에 대통령의 의견까지 첨부된 시행지시가 담당자에게 직접 전달되기도 했습니다. 또한 담당자는 보고서를 이지원에 올려놓고 퇴근했는데, 대통령이 새벽 시간에 이지원에 접속해서 검토하는 경우는 흔한 풍경 중 하나가 되었습니다.

한편 디지털회의도 이지원을 통한 효율적인 업무수행의 사례로 들수 있습니다. 한 조사에 의하면 청와대 비서실 업무에서 '회의준비 및 참석'에 소요되는 시간이 전체 업무의 1/5 수준이며, 일주일에 한 번씩 열리는 대통령주재 수석보좌관회의 1회에 투입되는 회의자료 복사지만 해도 한 달에 약 6,000권씩 소요되었습니다. 이를 비용으로 환산해 보면 한 달에 약 1,500만원에 달한다고 합니다. 그러나 디지털회의가 도입되면서부터 회의안건 자료를 인쇄하는 경우가 없어졌고, 회의

현장에 꼭 참석하지 않더라도 이지원에서 중계되는 실시간 회의시스템을 이용하거나 회의자료와 결과를 언제든지 검색하여 찾아볼 수 있어 시간적, 금전적 낭비요소를 절감할 수 있게 되었습니다. 이렇듯 불필요한 업무 처리 시간이 효율적으로 줄어들어 보다 새롭고 창의적인 업무에 매진할 수 있는 환경이 조성된 것이 이지원이 가져온 변화 중 매우 중요한 것이라고 하겠습니다.

**민대표:**

이지원 도입 이후 참여정부 청와대에 가져온 일하는 방식의 변화는 엄청난 것이었군요. 그런데 당시 근무했던 사람들 중 지금도 청와대에 근무하고 있는 사람이 있다면 어떤 느낌일지 궁금합니다. 아쉽게도 참여정부 이후 시스템에 의한 일하는 방식은 찾아보기 어렵게 되었다고 들었습니다. 청와대하면 국정운영의 수많은 회의가 이루어지는 곳으로 알고 있는데, 이지원의 디지털회의에 대해 보다 자세히 설명해 주세요.

**강박사:**

디지털회의는 종이 없는(Paperless) 회의입니다. 회의 자체는 오프라인으로 이루어지지만 회의 자료를 온라인으로 공유하여 자료의 출력을 없앤 것입니다. 지금은 종이 없는 회의가 많이 보편화되었지만 10년 전만 해도 그렇지 않았습니다. 또 하나 커다란 효과는 대통령비서실에서 가장 중요한 수석보좌관회의의 경우 2005년 6월 27일부터 본격적으로 디지털회의를 활용하였는데요. 회의에 참석하는 수석, 보좌관이나 비서관뿐만 아니라 사무실에도 생중계되어 회의에 참석하지 못한 직원들이 볼 수 있도록 한 것입니다(〈그림 2〉참조). 그야말로 정보민주주의가 실현된 것입니다.

### 〈그림 2〉 디지털회의 화면 예시

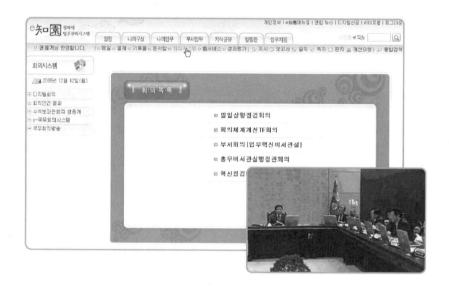

디지털회의에 안건을 보고하는 방법을 좀 더 자세히 설명하면, 〈그림 3〉에서 보듯이 업무담당자는 문서를 작성하여 타부서에는 협조와 참조로 사전에 의견을 수렴하여 반영하고, 비서관 등 내부보고 라인의 검토를 받아 회의체를 경로에 지정하면 회의안건이 안건 대기함에 올라오고, 회의관리자는 해당 안건을 채택하면 디지털회의 안건으로 등록되는 것입니다. 이 모든 과정이 자동화되어 온라인에서 이루어지게

된 것이지요. 디지털회의 가동 초기에는 습관적으로 종이문서를 프린트하여 돌리는 일도 있었지만, 점차 청와대 회의에서 종이문서를 프린터해서 돌리는 일은 거의 사라졌고, 각자가 업무에 필요한 내용이 있으면 간단히 메모하면 되었던 것입니다.

**〈그림 3〉 문서관리카드를 통한 디지털회의 보고 방법**

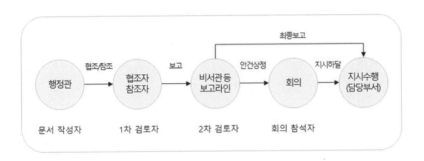

디지털회의를 통해 얻을 수 있는 성과는 종이 사용의 절감 같은 유형적인 것뿐만 아니라, 회의관리의 편리함이나 업무효율성 제고 같은 무형적 측면에서의 효과도 매우 컸습니다.

또한 회의에 직접 참석하지 않는 직원의 경우에도 자료의 공유가 손쉽게 이루어지고 회의결과를 신속히 열람할 수 있게 된 것도 큰 변화였습니다. 문서관리카드로 안건을 상정하여 회의에서 논의 후 곧바로 온라인으로 대통령에게 보고되므로 보고의 신속성이 향상되었습니다. 또한 회의운영자 입장에서는 예전에 자료 중 한 페이지만 수정되어도 다시 복사하고 전체 회의 자료에 다시 끼워 넣고 하는 원시적인 작업이 많이 줄어들어 업무효율성을 피부로 절감했다는 체험담도 있었습니다. 이렇게 디지털회의를 통해 정책을 결정할 경우 그 내용의 객관성이 담보되는 측면도 있지만 그 내용을 모두가 공유하고 심지어 대통령까지도 정보를 독점할 수 없어서 유리알 같은 투명성이 보장되는 장점도 있습니다.

**민대표:**

회의까지 생중계하고 가능한 많은 정보를 공개하고 공유하려고 한 노력이 인상적이네요. 참여정부에서는 이지원을 통해 청와대에서 먼저 시스템을 통한 일하는 방식 혁신을 구현하고, 정부 전체로 확산하고자 했다고 알고 있습니다. 이지원의 정부확산에 대해 말씀해 주세요.

**강박사:**

이지원을 부처로 확산하기 위해서는 준비 작업이 필요했는데요. 2006년 정부표준 모델을 만들어 행정자치부와 6개 시범부처 적용을 시작으로 참여정부 마지막해인 2007년부터 중앙부처에서도 이지원과 유사한 업무관리시스템을 사용하게 되었습니다. 이지원의 정부확산을 위해 전문가와 사용자 검증 작업을 진행했었는데 이때 중앙부처 공무원들은 '너무 이상적인 업무관리'라며 '장관, 차관 등 윗분들이 잘 사용할 수 있을지 모르겠다'고 회의적인 반응을 보이는 경우도 있었습니다. 그러나 노무현 대통령이 참여한 3차례에 걸친 장차관학습을 통해 변화의 필요성과 솔선수범을 강조하였고, '온-나라(On-Nara)시스템' 이라는 이름으로 확산되었습니다. 노무현 대통령의 혁신 의지와 뚝심이 없었다면 불가능한 일이었다고 생각합니다.

온-나라시스템의 도입은 단순히 정부업무를 시스템화했다는 것 이상의 의미를 가집니다. 4만 2,000여 개의 정부기능과 일 처리과정을 통합하고, 표준화해서 제도화한 최첨단 시스템이기 때문입니다. 청와대의 이지원과 정부의 온-나라시스템을 통해 기대했던 것은 첫째, 정부업무의 연속성을 보장하고, 둘째, 업무의 인수인계를 제대로 할 수 있고, 셋째, 주요 과제를 의제화하고 관리하며, 넷째, 과제별로 업무의 진행 및 결재과정을 온라인화하고, 다섯째, 이 모든 것을 기록물로 남기는 것입니다. 이는 활용도 측면에서 완성도가 높은 정보를 공유하고 체계적으로 관리해 시스템 민주주의를 정부 전체에 구현한 것입니다. 성과관리 측면에서도 모든 것이 문서로 표현되기 때문에 정량적은 물론 정성적 평가도 가능해졌습니다. 업무를 추진하는 과정이 보이므로 어느 선에서 업무를 지체하고 있는지 결재권자가 확인이 가능하여 상호 신속하고 책임감 있게 업무를 추진하는 문화를 만들었다고 생각합니다. 업무진행의 과정과 결과가 함께 시스템에 남아 업무의 연속성이 보장되고, 담당자가 바뀌더라도 짧은 시간 내에 업무 파악이 가능해진 것입니다. 요약하면 〈그림 4〉에서 보듯이 정책결정의 투명성과 책임성을 확보하는 것입니다.

## 〈그림 4〉 정부의 일하는 방식 혁신 목표

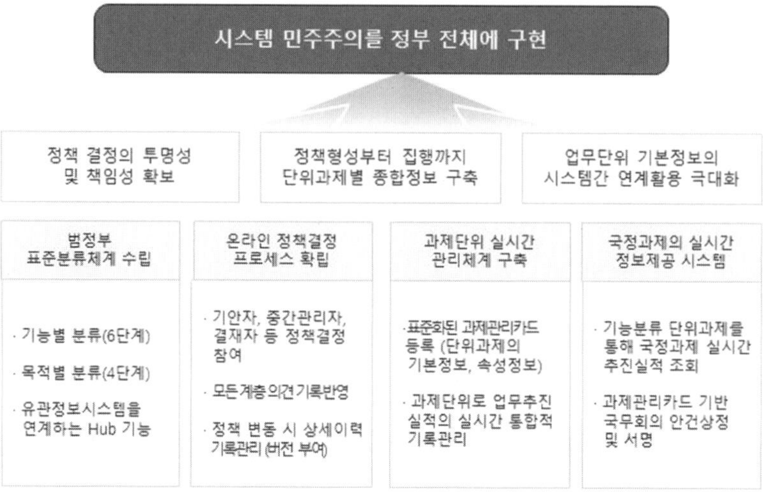

**시스템 민주주의를 정부 전체에 구현**

| 정책 결정의 투명성 및 책임성 확보 | 정책형성부터 집행까지 단위과제별 종합정보 구축 | 업무단위 기본정보의 시스템간 연계활용 극대화 |
|---|---|---|

| 범정부 표준분류체계 수립 | 온라인 정책결정 프로세스 확립 | 과제단위 실시간 관리체계 구축 | 국정과제의 실시간 정보제공 시스템 |
|---|---|---|---|
| · 기능별 분류(6단계)<br><br>· 목적별 분류(4단계)<br><br>· 유관정보시스템을 연계하는 Hub 기능 | · 기안자, 중간관리자, 결재자 등 정책결정 참여<br><br>· 모든계층 의견 기록반영<br><br>· 정책 변동 시 상세이력 기록관리 (버전 부여) | · 표준화된 과제관리카드 등록 (단위과제의 기본정보, 속성정보)<br><br>· 과제단위로 업무추진 실적의 실시간 통합적 기록관리 | · 기능분류 단위과제를 통해 국정과제 실시간 추진실적 조회<br><br>· 과제관리카드 기반 국무회의 안건상정 및 서명 |

범정부 기능 및 과제의 표준분류체계는 기능별로 6단계, 목표별로 4단계가 수립되었습니다. 이를 토대로 온라인 정책결정 프로세스를 확립하고, 과제단위의 실시간 관리체계와 국정과제의 실시간 정보제공 시스템을 구축한 것입니다.

**민대표:**

네. 이지원을 만들어 참여정부 청와대의 일하는 문화를 바꾸는 것에 그치지 않고, 정부 전체로 이지원을 확산하여 시스템 민주주의가 뿌리 내리도록 하겠다는 목표를 가지고 정부혁신을 추진했던 것이군요. 정부 업무관리시스템이 궁극적으로 목표한 모습은 무엇이었는지 간단히 설명해 주세요.

**강박사:**

정부의 업무관리시스템 또한 이지원과 마찬가지로 문서관리와 과제관리를 기반으로 하고 있습니다. 이를 통해 〈그림 5〉에서 보듯이 각부처의 내부업무와 대외서비스가 통합적으로 연계되어 부처의 업무영역에 제한 없이 서비스 흐름별로 업무처리가 가능해지도록 해야 한다고 생각했습니다. 그 결과 국민들은 가치 있는 지식과 정보를(Right Information), 원하는 시간에(Right Time), 서비스 받을 수 있게 되고, 원하는 사람에게(Right Person) 정확한 서비스를 요청할 수 있는 체계로 발전해 가는 디딤돌이 되었습니다.

### 〈그림 5〉 정부 업무관리의 빅 픽처(Big Picture)

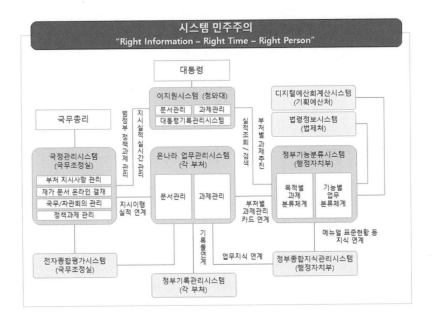

정부 업무관리시스템의 효과는 크게 6가지로 요약할 수 있습니다.

첫째, 표준시스템에 의한 업무관리입니다. 표준시스템의 구축을 통하여 개인별 업무특성과 관계없이 모든 업무를 표준적인 업무 프로세스에 따라 체계적으로 처리할 수 있게 했습니다.

둘째, 기존의 업무경험과 노하우의 축적입니다. 그 결과 업무담당자의 변경에 따른 시행착오를 최소화하여 개인 업무역량의 향상으로 이어지도록 했습니다.

셋째, 과제 수행결과가 개인 및 조직의 성과평가와 자동으로 연계됩니다.

넷째, 행정의 투명성과 책임성을 담보해 줍니다. 보고 중간과정에 제시된 각종 의견을 빠짐없이 체계적으로 관리함으로써 최종의사결정권자가 종합적으로 판단할 수 있게 되어 정책결정의 민주성과 합리성 또한 높일 수 있도록 했습니다.

다섯째, 정부의 모든 기능을 조사하여 서비스 관점에서 부처 경계를 뛰어넘어 업무흐름을 범정부적으로 체계화했습니다. 정부의 기능분류는 수시로 불필요한 기능을 폐지하고, 복잡하거나 불분명한 기능을 단순화하며, 중복되거나 유사한 기능을 통합하여, 기능중심의 조직개편 등 다양한 정부혁신의 과제들과 유기적으로 연계되는 기반 시스템으로 발전되어야 합니다.

여섯째, 모든 중앙행정기관은 부처 및 범정부 차원에서 미션, 비전 및 전략과 연계된 종합적인 성과관리체계를 구축함으로써 국가 현안을 각 부처에서 진행되고 있는 업무와 연결하여 일괄 모니터링하면서

실시간으로 관리할 수 있게 되었습니다.

**민대표:**

대통령비서실을 포함한 정부 전체의 업무를 시스템으로 관리한다는 목표로 추진된 참여정부의 일하는 방식 혁신은 아마 민간 기업에서도 성공한 사례가 없는 것 같네요. 이지원을 정부로 확산하면서 모든 일을 문서관리시스템에서 문서로 처리하려다 보면 불필요한 문서를 작성해야 하는 경우도 발생하면서 메모보고라는 것을 도입했다고 들었습니다. 문서관리카드와 메모보고는 어떻게 다른지 설명해 주세요.

**강박사:**

메모보고는 기존에 대부분 익숙한 이메일 시스템을 업무상으로 활용할 수 있도록 공식화한 것입니다. 보통 이메일은 과제와 연계되지 않고 여러 수신자의 답변을 한눈에 알아볼 수 없는 데 반하여, 메모보고는 과제와 연계되고 여러 수신자의 답변을 한눈에 알아볼 수 있도록 한 것입니다. 메모보고는 신속하게 동일한 사항을 다수인에게 공지하고 다수인의 의견을 취합하는 데 유용한 도구로 활용될 수 있습니다. 문서관리카드와 메모보고는 모두 기록관리시스템에 의하여 관리되나, 메모보고는 문서관리카드와는 달리 공문서로써의 효력은 없으므로 행정기관은 공식적인 의사결정에 있어서는 문서관리카드를 활용함으로써 의사결정과정이 투명하게 관리되도록 하는 것이 원칙입니다. 문서관리카드보다는 관리 속성을 단순화한 메모보고를 통해 가능하면 일하는 과정의 모든 것을 기록하도록 유도한 것인데, 실제로 각 부처에서는 문서관리카드를 포함한 공식문서보다는 메모보고의 활용도가 높았습니다. 〈그림 6〉에서 보듯이 메모보고도 문서관리카드와 유사하게 업무의 진행 과정에서 상호 의견수렴이 가능하고, 그에 따라 보고문서 또한 수정이 가능합니다. 그러나 문서관리카드의 경로부(3장 〈그림13〉 참조) 의견과는 달리 심리적 부담 없이 마치 이메일로 의견을 주고받는 형태로 구성한 것이 특징입니다. 그래서 더 친근감 있게 활용이 잘 되었다고 생각합니다.

**민대표:**

참여정부 대통령비서실은 노무현 대통령의 강력한 시스템 민주주의 실현 의지에 힘입어 변화관리가 비교적 잘 되었지만, 정부 부처의 업무를 시스템으로 관리하도록 문화를 바꾸기 위해서는 보다 많은 시간과 노력이 필요했을 것으로 보입니다. 그러나 5년이라는 대통령 임기의 시간적인 제약 때문에 문화로 정착시키는 변화관리를 위한 절대적인 시간이 부족했을 텐데요. 이런 부분을 극복하기 위한 방안은 무엇이었는지 궁금합니다.

**강박사:**

맞습니다. 그래서 업무관리를 제도화하려고 했습니다. 기존의 '사무관리규정'에서는 전자서명이 날인된 문서만을 공문서로 규정하고 있었습니다. 그러다 보니 온-나라시스템의 문서관리카드는 정책결정

## 〈그림 6〉 온-나라시스템 메모보고 예시

📋 **보고한 메모**

| ● 의견알림 | ● 회수 | ● 재작성 | ● 수신상황 | ● 수신자변경 | ● 인쇄 | ● 목록 | ● 보내기 | ● 본문저장 |

| 제목 | 동영상 시나리오에 대한 의견 제시 요청 | |
|---|---|---|
| 과제명 | **[단위] 정책홍보** [관리] | 👆 |
| 정보출처 | | |
| 보고자 | 김○○ / 제도개선팀 / 행정주사 | |
| 보고일 | 2006.11.20 11:17:15 | |

11/14 BH와 협의한 결과를 반영한 업무관리시스템 동영상 시나리오입니다.
12/15일 제작완료를 목표로 하고 있어서 빠른 검토가 필요합니다. 보시고 의견주시기 바랍니다.

● **수신상황**

| 구분 | 수신자 | 일자 |
|---|---|---|
| 보고 | 조○○ / 국정과제실시간관리추진단 / 부단장 | 2006.11.20 11:20:44 |
| | 도입 부분 - 혁신의 필요성과 정보화 관점에서 구성되었는데, 조금 범위를 좁혀 혁신의 과정에서 시스템이 갖는 의의에 촛점을 두는 것이 어떨지<br>본론 부분 - 업무관리시스템 이외의 시스템들에 대한 골자를 간략히 반영함이 어떨지<br>에필로그 부분 - 정보화 성과라는 관점보다는 행정의 투명성, 책임성, 행정효율 등을 통한 혁신의 완성, 이로 인한 조직과 개인 국민 만족도 제고라는 효과를 강조함이 어떨지(아울러, 행자부관련 화면은 삭제) | 2006.11.20 11:21:28 |
| | ∟[김○○] 주신 의견을 반영하도록 하겠습니다. | 2006.11.20 11:23:03 |
| 보고 | 윤○○ / 제도개선팀 / 서기관 | 2006.11.20 11:17:37 |
| | 전체적으로 "표준화"에 지나치게 치우친 감이 있습니다. 시스템 도입의 궁극적인 효과로서 "국가 정보화"를 거론하는데, 이보다는 국민이나 공무원에게 실질적으로 다가갈 수 있는 접근이 필요한 것 같습니다. 청와대와 협의한 결과 최종적인 PT자료의 내용이 전면적으로 수정되었는데, 새로운 PT 자료의 내용을 반영하는 것도 필요한 것 같습니다. 시스템 소개 부분에서는 시스템 구축 "사업"을 명시하고 있는데, 사업을 강조할 것이 아니고 시스템 자체를 강조해야 할 것이고, 업무관리시스템 중 "회의관리" 부분은 누락되었습니다. 제시된 사례에 있어서도 평면적인 것보다는 실질적이고 관심을 끌 수 있는 사례가 제시될 필요가 있습니다. | 2006.11.20 11:20:05 |
| | ∟[김○○] 주신 의견을 반영하도록 하겠으나, 의견이 다소 추상적입니다. 더 구체적인 의견을 주시면 감사하겠습니다. | 2006.11.20 11:23:55 |
| 보고 | 정○○ / 시스템구축팀 / 전산사무관 | |

| ● 의견알림 | ● 회수 | ● 재작성 | ● 수신상황 | ● 수신자변경 | ● 인쇄 | ● 목록 | ● 보내기 | ● 본문저장 |

권자가 의사를 결정해서 대내외적으로 유통하는 공문서로 보기에는 근거가 없는 상태였습니다. 이에 따라 2006년 3월 29일 '사무관리규정'을 개정함으로써 2005년부터 사용한 행정자치부 및 시범부처의 문서관리카드가 공문서로 인정될 수 있도록 했습니다. 또한, 온-나라시스템에 관한 근거 규정을 두었는데요. 개정된 내용은 다음과 같습니다.

첫째, 새로운 '사무관리규정'에서는 각 행정기관의 장으로 하여금 업무처리의 전 과정을 효율적으로 관리하기 위하여 업무관리시스템을 구축 및 운영하도록 하는 의무를 부과하였고, 행정자치부장관으로 하여금 업무관리시스템의 구축 및 운영을 지원하기 위한 계획을 수립하고 시행할 수 있도록 했습니다.

둘째, 업무관리시스템에는 과제관리카드와 문서관리카드가 포함되도록 했습니다. 과제관리카드는 행정기관의 소관업무를 기능 및 목적 등의 기준에 따라 구분하여 업무처리 과정에 따라 관리할 수 있도록 구성하고, 문서관리카드에는 기안한 내용, 의사결정과정에서 제기된 의견, 수정된 내용 및 지시사항, 의사결정내용 등이 기록으로 관리될 수 있도록 구성했습니다.

셋째, 문서관리카드는 결재권자의 전자문서서명 및 처리일자의 표시에 의한 결재가 있음으로 공문서로써 성립하고, 과제관리카드 및 문서관리카드는 공공기관의 기록물관리에 관한 법령이 정하는 바에 따라 관리하도록 했습니다.

넷째, 행정기관의 장은 효율적인 업무관리를 위하여 업무관리시스템을 행정정보시스템 및 그 밖의 정부 기능분류 관련 시스템과 연계

운영하도록 하고, 온-나라시스템으로 관리한 업무실적 등을 효과적으로 활용하도록 했습니다.

다섯째, 행정자치부장관으로 하여금 온-나라시스템 관련 규격표준 및 유통 표준 등을 정하여 이를 관보에 고시하고 인터넷에 게시하도록 하고, 각 행정 기관의 장은 특별한 사유가 없는 한 행정자치부장관이 정한 표준에 적합한 온-나라시스템을 사용하도록 했습니다.

그러나 이러한 사무관리규정의 개정은 온-나라시스템을 사용하기 위한 임시적인 조치에 불과한 것이었습니다. 온-나라시스템을 기반으로 정부 기능분류시스템을 통한 과제의 분류작업 그리고 국정관리시스템을 통한 지시사항의 관리, 각종 회의의 운영 및 관리 방안, 전자재가의 처리, 국정관심과제의 관리 등 모든 업무들이 정부업무관리 규정으로 제도화될 수 있도록 지속적인 변화관리 노력이 필요했습니다.

**민대표:**

네. 블랙박스와 같았던 정부의 일하는 방식을 시스템으로 표준화하는 것이 쉽지 않았을 것입니다. 참여정부 5년 동안 시스템을 끊임없이 수정, 보완하고 변화관리 했던 팀의 일원으로서 필자도 참여했었기에 감회가 새롭습니다. 노무현 대통령은 이지원과 온-나라시스템에 대해 어떻게 생각하셨는지 궁금합니다.

**강박사:**

만족해 하셨습니다. 2005년 8월 25일 KBS 특별프로그램 〈참여정부 2년 6개월, 대통령에게 듣는다〉에 출연하셔서 임기 중 가장 성공적이었다고 생각하는 정책을 묻는 질문에 답하는 대통령의 얼굴에는 흐뭇함이 묻어났습니다. "국민들이 잘 모를 거라고 생각하는 것 가운데 정부혁신이 있습니다. 아직 성공했다고 말할 수 없지만, 정말 보람 있게 성공적으로 진행되고 있고요. 그 중에서 가장 중요한 것이 대통령 비서실 업무관리시스템, 이지원을 만든 것입니다. 그것만 생각하면 그냥, 기분이 좋습니다"라고 말씀하기도 하셨습니다. 또 2005년 9월 〈100분토론〉에 출연해 차기 정부에 물려주고 싶은 것이 무엇이냐는 질문에 "디지털 정부업무관리시스템(온-나라)은 전자정부의 핵심 프로세스라며 이건 제대로 갔으면 좋겠다"고 대답했습니다. 이처럼 참여정부가 추구해온 '시스템을 통한 혁신' 의 근간이자, 국민의 요구에 발 빠르게 대응하고 투명하게 업무를 처리할 수 있는 일하는 방식 혁신이 정부혁신의 핵심이라고 생각하셨던 것입니다.

# 노무현 대통령은 만능 수리 꾼

권양숙 여사

(고 노무현 대통령 영부인)

"만능 수리꾼"

"기본적으로 호기심이 많으신 분입니다. 그리고 무슨 일이든 차근차근 기본원리를 찾아가며 해결점을 찾으시는 편입니다."

권양숙 여사는 노무현 대통령의 평소 생활습관을 한마디로 이렇게 표현한다. 무슨 물건에나 관심이 많아서 예사로 지나치는 법이 없고, 그것이 컴퓨터와 같은 신기술 관련 제품일 경우에는 더 했다고 한다. 그래서 물건을 사면 그냥 곱게 쓰는 것이 아니라 반드시 뚜껑을 열어 보고 분해를 해 봐야 직성이 풀렸다. 그러다 보니 웬만한 가전제품이나 살림도구는 고장이 나면 대부분 직접 고쳐 썼다.

"한번은 자동차가 고장 나서 꼼짝을 않고 있는데, 자동차 앞 뚜껑을 열어 살펴보시더군요. 그리고는, 고무줄을 찾아서 어딘가를 칭칭 동여맵니다. 그랬더니 이내 자동차가 움직이더군요. 그래서 수리 센터까지 몰고 가서 고칠 수 있었지요."

집안에서 쓰는 물건이 고장 나면 못 고치는 것이 거의 없어서 '만능 수리 꾼'이라는 별명까지 얻을 정도였다.

"한 가지 흠이라면 실수나 사고가 빈번했다는 점이죠. 그래서 늘 손가락에 상처가 그칠 날이 없었구요. 큰 일이든 작은 일이든, 조수가 항상 옆에 대기하고 있어야 일이 제대로 됐습니다(웃음). 그리고 일이 시작되려면 반드시 공구가 먼저 완벽해야 했구요."

그래서 공구에 대한 집착도 대단했다고 한다. 평소에 거리를 지날 때 공구 파는 노점상을 보면 그냥 지나치지 못했고, 새로운 것이 있으면 사지 않고는 못 배겼다. 그래서 취임 전 사저에는 모든 공구가, 그야말로 없는 것만 빼고는 다 갖추어져 있었다. 그런 호기심과 탐구욕으로 컴퓨터를 처음 구입한 게 1984년이었다.

"당시 운영하던 사무실에는 타자수도 있었는데, 이 타자수는 물론이고 다른 직원들까지 모두 컴퓨터 학원에 보내서 교육을 받게 했습니다. 그때부터 무엇인가 새로운 것이 나올 때마다 컴퓨터를 새로 구입하는 일도 계속돼 왔지요. 아마, 이보다 조금만 더 일찍 컴퓨터를 만났더라면 지금쯤은 '벤처기업'을 차려서 운영할 수 있었을 겁니다(웃음)."

1988년 정치에 몸담기 시작하면서 컴퓨터의 필요성은 더 절실해졌다. 아침에 나가서 저녁에 돌아오면, 명함이 하루에 수십 장 씩 쌓이기 시작했다. 매일같이 쌓이는 명함을 만난 날짜 순서로, 아니면 주소나 이름 순서로 분류를 해보지만, 양이 워낙 많다보니 도무지 관리가 되질 않았다.

그래서 이렇게 한없이 쌓이는 명함을 프로그램으로 만들어서 체계적으로 관리하는 일에 몰두하기 시작했다. 하지만 당시에는 아직 '컴퓨터'라는 것이 보통사람들한테는 관심을 끌지 못하는 물건이었기에 어려움이 많았다. 프로그램을 만들기 위해서는 먼저 개념을 정리하는 '설계도'가 필요했다. 그래서 그것을 직접 작성하는 과정에서 가족들의 원성을 먼저 샀다.

"평소에는 물론이고, 명절 때 시골에 가서도, 아니면 식구들끼리 야유회를 갔을 때도, 늘 서류뭉치를 들고 다니면서 그것에만 몰두하시는 겁니다. 그리고는 도무지 이해하기 어려운 '프로그램 이야기'가 틈날 때마다 이어집니다. 그 지루한 이야기들을 식구들이 재미있어 했겠어요?"

그리고 컴퓨터 프로그램 같은 것에 관심 갖는 사람이 거의 전무 하다시피 했던 시절, 그런데도 만나는 사람마다 붙들어 앉혀놓고 컴퓨터 이야기를 꺼냈다. 이해해 주는 사람이 없는 외로운 작업이었지만, 중단이라는 것은 없었다.

1994년, 부산시장 선거가 있던 해, 프로그램을 정식으로 만들었다.

"설계 작업이 어느 정도 정리가 되자, 이번에는 컴퓨터를 전공하는 아르바이트 대학생들을 고용하시더군요. 당시 살던 집이 여의도에 있는 아파트였는데, 문간방을 하나 내주고 거기서 작업을 하게 했습니다."

그런데 얼마쯤 지나고 보니, 이 대학생들의 습관이 아주 고약해서 가족들이 견디기 어려웠다. 낮 시간에는 딴전만 피우다가, 밤이 돼야 시끌벅적하게 일을 시작했기 때문이다. 급기야 마포에 있는 오피스텔을 하나 얻어서 내 보냈는데, 역시 틈만 있으면 찾아가서 대학생들과 함께 지냈다.

"부산시장에 출마해서 선거운동을 하실 때도 마찬가지였습니다. 그 바쁜 와중에도 며칠에 한 번 서울에 올라오면 먼저, 마포로 가서 꼬박 밤을 지새우는 일이 허다했습니다."

이렇게 해서 개발된 것이 '노하우' 라는 프로그램이었고, 이것이 나중에 발전해 '우리들' 이라는 프로그램이 됐다. 컴퓨터를 처음 접한 이후 지금까지, 이 분야에 관한한 주변에서 '이해' 해 주는 사람이 아들 빼놓고는 전무하다시피 했다. 컴퓨터를 잘 이해 못하는 주변 사람들이 "법을 하시는 분이 어떻게 컴퓨터를 하느냐"고 하면 답변은 항상, "컴퓨터라는 것이 본래 철저하게 '논리적' 인 구조를 토대로 만들어진 것이어서 '법' 하고는 너무 잘 통한다"는 것이었다.

"일전 어느 컴퓨터 관련 행사에 참석했을 때, '전문가와 얘기할 때는 서로 말이 잘 통하니까 이렇게 마음이 편할 수 없다' 고 하시더군요. 그래서 옆에서 들으면서 이제는 정말 잘 되겠구나 싶었습니다."

*출처: 『청와대 업무관리시스템 이지원 개발 백서(2006)』 中

# 일부 데이터로 본 이지원의 효과

2004년 11월 이지원의 문서관리시스템을 통한 보고가 시작된 이래 2005년 2월말까지 4개월간 대통령은 모두 958건의 온라인 보고를 받았다. 한 달 평균 240건 정도를 처리한 셈이다. 이 가운데 대통령은 199건에 대해서 다시 지시를 내렸다. 또 대통령은 같은 기간 동안 127건의 업무지시를 했고 48건의 시스템 개선 요청을 했다. 시간대별 처리 현황을 보면, 밤 11시대에 전체 958건 가운데 약 14%에 해당하는 135건을 처리했다. 그 다음은 밤 10시대로 117건이다. 밤 9시대에는 72건, 8시대에는 76건을 처리했다. 공식 행사가 끝나는 오후 5시 무렵도 98건으로 높은 수치를 기록했고, 밤 12시와 새벽 1시도 각각 51건, 35건으로 적지 않은 건수를 기록하고 있다. 퇴근은 했지만 대통령의 일은 끝나지 않은 것이다. 심지어 새벽 6시에 4건, 새벽 5시에 1건의 문건을 처리한 기록도 있다. 결국 새벽 2~4시대에만 문서처리 기록이 없는 셈이다.

만족한 경우 '잘 보았습니다' 하고 한마디를 남기는 경우도 있다. 어떤 경우는 '자-알 보았습니다' 도 있다. 대만족의 표시일 것이다. 월요일 수석보좌관회의에 올릴 것을 지시하는 경우도 자주 있다. 때로는 보고서에 대한 만족을 간단한 공개 지시 멘트로 표현하는 경우도 있다. '잘 읽었습니다. 공개하면 어떨까요?' '대국민 보고감입니다.' 물론 꾸중과 질책도 있다. 이 경우 직설적인 것도 있지만 우회적인 것도 있다. 직설적인 것의 대표적 사례는 '정책실장 선에서 적절히 주의바람', '토론과 보고를 다시 합시다' 등이다. 우회적이지만 신랄한 지적도 있다. '부속실, 취지가 없는 문서까지 올리는 것은 좀 심하다. 다음부터는 취지를 요약할 것.' '이 한 건의 처리에 대통령의 시간이 얼마나 소요될 것인지를 판단해 주시면 좋겠습니다.' '열람하는 데만 30분.' 등등… 사용 과정의 불편이나 어려움은 곧바로 시스템 개선 지시로 이어진다. 얼마 전 공들여 작성한 문서가 착오로 시스템 안에서 사라지자 대통령은 탄식 반, 질문 반의 지시문을 달아서 내려 보내기도 했다. '관련 지시 한 번 하고나서 본문 기재가 그냥 있는지 확인하느라고 처리한 문서에 가서 보니 문서처리, 관련지시, 본문 기재 모두가 간곳이 없다.'

참여정부 들어와서 달라진 청와대의 문화로 꼽혔던 것 가운데 하나가 대통령과 실무자 간의 격의 없는 대화였다. 이제 그 폭과 깊이는 온라인망을 통해 더 넓어지고 깊어지고 있다. 대통령의 필체를 만날 수 있다. 때로는 오탈자도 그대로 전달된다.

키보드 치는 대통령으로부터 살아있는 언어가 나온다.

*출처: 참여정부 부속실장 윤태영의 『국정일기』(2005.3.21) 中

# 이지원 부처 확산 및 특허 출원

2005년 이지원이 청와대에 정착되자 노무현 대통령은 정부혁신추진회의 등에서 이지원을 통한 청와대의 일하는 방식을 소개하고 중앙부처에서도 적용 가능한지 전문가들의 검토를 받아 보라고 하셨다. 이에 행정부처 및 각계 전문가 그룹을 구성하여 이지원 검증을 위한 설명회를 청와대에서 개최하였다. 보통의 대통령이셨다면 내가 만들었으니 다 가져다 쓰라고 했겠지만 노무현 대통령은 그러지 않으셨다. 전문가들의 충분한 검증을 받아보고 그 결과를 바탕으로 부처확산 여부를 판단하고자 하셨다.

검증을 위한 전문가는 크게 공무원, 행정학계 전문가, IT 전문가 등 세 그룹으로 나누었다. 첫 번째, 공무원 그룹은 대면보고 시간의 단축에 큰 관심을 보이면서도 시민단체나 국회 등 정보공개 요구에 대한 우려를 표시하였다. 두 번째, 행정학계 전문가들은 공무원들의 투명한 행정처리가 정책품질 향상에도 크게 기여할 것이라며 청와대가 이렇게 일한다는 것이 놀랍다는 의견이었다. 세 번째, IT 전문가들은 기존의 전자결재 시스템과의 차이를 언급하며 행정업무 전반에 대한 프로세스 설계가 인상적이라고 평가하였다. 공통적인 의견으로는 장차관 등 고위직 공무원들의 마인드 변화가 필요할 텐데 변화관리가 잘 될지 우려가 된다는 의견도 있었다. 그리고 예산이나 인사평가 등 기존의 다른 시스템들과 연계를 통해 공무원들이 이중으로 입력 작업하지 않도록 해야 한다는 의견도 있었다.

노무현 대통령은 전문가들의 검토결과를 듣고 매우 만족해 하셨다. 그것은 아마도 국회의원시절 많은 시간과 사비 2억을 털어 만들었던 '노하우2000' 이라는 프로그램에 대해 전문가들의 의견을 들은 적이 있었는데, 그때 전문가들은 "프로세스가 너무 복잡하고 디테일해서 범용적으로 사용하기 어렵겠다"는 그리 좋지 못한 평가를 했다고 한다. 그런데 이지원은 전문가들에게 인정을 받아서였을 것이다.

그 후 이지원은 행정자치부가 주관이 되어 부처에 맞게 표준모델을 만들어 시범적용을 거쳐 중앙부처로 확산되었고, 지금도 각 부처에서는 '온-나라시스템' 이라는 이름으로 활용되고 있다. 그러나 안타깝게도 참여정부 이후 이명박-박근혜 정부에서는 시스템을 통한 일하는 방식과 기록에는 관심을 두지 않고 오히려 이전 정부를 공격하기 위한 도구로 기록을 활용하다 보니 공무원들은 전자결재 등 기본적인 것만 형식적으로 사용하고 있다고 한다. 공직사회의 일하는 방식을 혁신하는 것은 정말 힘든 일인 것 같다. 사회적 요구와 국민적 요구가 없이는 말이다.

이지원의 중앙부처 확산이 진행될 무렵 이지원의 일하는 방식인 문서관리, 과제관리 등의 업무처리 방식(즉, 비즈니스 모델)에 대해 특허를 출원하기도 하였다. 이미 많은 사람들이 알고 있는 것처럼 노무현 대통령은 고시공부를 하면서도 독서대를 만들고 특허를 출원할 정도로 발명과 문제의식의 대가셨다. 처음 특허가 가능한지 검토해 보라고 하셔서, 나는 특허 출원이 가능한지 알아보고 가능하다는 검토결과를 보고서로 올렸는데, 대통령께서 개발자들과 함께 공동으로 특허 출원하고 싶다고 하셨다. 개인적으로야 대통령님과 함께 특허권자가 된다는 것은 영광스러운 일이었지만 공동참여자로 누구누구를 넣어야할지 특허지분은 어떻게 나눌지 등 좀 난감했다. 그래서 이지원 개발에 가장 많이 참여한 1부속실 그리고 업무혁신비서관실의 몇몇을 공동참여자로 보고 드렸는데 부속실은 빠지겠다는 의지가 강력해 결국 대통령님과 업무혁신비서관실의 강태영, 민기영, 박경용, 조미나 4명이 공동참여자로 등록되어 대통령님 덕분에 공무원의 직무상 발명 특허권자가 되었다.

\* 출처: 『대통령 없이 일하기(2017)』 참여정부 이지원 이야기 中

# 3

## 이지원의 일하는 방식 6가지

# 3. 이지원의 일하는 방식 6가지

2016년 10월 세계경제포럼(World Economic Forum)이 발표한 우리나라의 국가경쟁력 평가 순위는 138개국 중 26위에 랭크되었다.[4] 2007년 11위를 기록한 이후 계속 좋은 성적을 받지 못하고 있다. 이는 일본, 대만, 말레이시아 등 아시아 주요국에 비해서도 뒤떨어지는 것이다.

특히 세부지표 중 '정책결정의 투명성'은 2007년 34위에서 2015년 123위로, '공무원 의사결정의 편파성'은 2007년 15위에서 2015년 80위로 대폭 하락했는데, 이는 이명박-박근혜 정부를 거치며 공직사회가 퇴행하고 있음을 보여주는 결과다.[5] 이런 현상은 권위주의 병폐가 다시 만연해졌거나, 일에 대한 근거와 기준이 있어도 제대로 작동하지 않기 때문인 것으로 보인다. 부실해진 정부의 일하는 방식, 다시 참여정부 이지원의 일하는 방식 혁신에서 그 해답을 찾아야 할 때가 아닌가 싶다.

**민대표:**

공직사회의 일하는 방식을 혁신하기 위해 개발된 이지원이 요구하는 바람직한 일하는 방식은 무엇이었는지, 다시 한 번 개괄적으로 설명해 주시면 좋겠습니다.

**강박사:**

2장에서 이지원이 추구하는 큰 그림(Big Picture)을 중심으로 각 시스템의 기능을 설명했는데요. 아마도 엄청 복잡하다고 느끼셨을 것입니다. 이지원을 한마디로 표현한다면 저는 '시스템에 의해 투명하고 책임감 있게 일하도록 프로세스와 관리방식을 표준화한 것이다' 라고 하겠습니다. 비록 이지원의 모습과 기능들은 이해하기 어려울 수 있지만, 이지원의 일하는 방식을 업무흐름으로 설명하면 이해에 도움이 될 것이라고 생각합니다. 먼저 '정부 행정업무는 어떻게 해야 바람직한 것일까요?' 민대표에게 질문해 보겠습니다.

**민대표:**

질문에 대한 답을 제가 알고 있다고 생각하시는 건 아니시죠? 결국 '일은 어떻게 해야 잘 하는 것일까?' 일 텐데요. 저는 일의 결과나 성과 보다는 일을 처리하는 과정의 중요하다고 생각합니다. 미국의 품질관리학자 에드워드 데밍(Edwards Deming)[6]이 제안한 것인데요. 'P-D-C-A(Plan-Do-Check-Act) 싸이클'로 일하는 과정을 잘 정의하고 관리할 수 있다면 일의 품질 또한 좋아질 것 같습니다. "프로젝트나 일을 수행할 때 먼저 달성하고자 하는 목표를 설정하고 이를 실현할 수 있는 구체적인 계획을 수립하여(계획, Plan) 그 계획을 실행에 옮기고 (실행, Do), 실행 과정에서 중간 중간 결과를 측정하여 설정한 목표가 제대로 달성되고 있는지를 확인하여(확인, Check) 문제가 있으면 적절한 조치를 취해서(조치, Act) 애초의 목표가 달성되도록 하는 방법"[7]인데요. 이러한 방법을 활용하면 일의 목적이 무엇인지, 그리고 달성하고자 하는 목표는 무엇인지 명확하게 할 수 있고, 실행과정에서 목표가 제대로 달성되어가고 있는지 점검할 수 있어, 이슈가 생겨서 목표달성이 원활하지 않다면 필요한 조치를 취할 수 있어 애초에 계획했던 목표 달성을 쉽게 할 수 있습니다. 거기다 다음에 같은 일을 할 때는 이러한 내용들을 반영하여 업무를 처리한다면 업무의 질을 한 단계 향상시킬 수 있을 것입니다. P-D-C-A 싸이클은 거의 모든 분야의 일에 공통적으로 적용될 수 있는 마법의 관리기술이라고 표현하기도 하는데요. 정부의 행정업무도 마찬가지라고 생각하는데 맞나요?

**강박사:**

네. 맞습니다. 노무현 대통령은 P-D-C-A 싸이클을 직접 언급하지는 않았지만 "업무처리과정을 관리한다는 것은 이를 통해서 프로세스를 표준화하고자 하는 것입니다. 최종 결론이 A라는 것을 아는 것이 중요한 것이 아니라 A, B, C 중에서 A가 선택되었다는 것을 알아야 하고 그것이 판단에 도움을 줄 수 있기 때문입니다. 선택의 과정을 이해함으로써 판단을 할 때 기준을 삼을 수 있습니다"[8]고 하셨고, "우리가 하고자 하는 일의 단위를 전부 분석해야 합니다. 아주 철저하게 업무의 개념, 정보의 개념, 문서의 개념, 그리고 이것들이 처리되는 과정의 기본 개념을 잘 알고 있어야 합니다"[9]라고도 하셨습니다.

이지원의 업무흐름을 '일정-나의구상-나의업무-부서업무-지식/평가/기록관리'로 규정했었는데, P-D-C-A 싸이클과 비교해 보면 상당히 유사하다고 생각합니다(〈그림 7〉 참조).

이를 토대로 이지원의 일하는 방식은 크게 6가지로 정의할 수 있습니다. "(1)꼼꼼하게 기록한다 (2)문서관리의 표준을 지킨다 (3)나의 일을 잘 분류한다 (4)왜 일을 하는지 파악한다 (5)나의 일을 정리정돈 한다 (6)기록관리는 의무다."

**민대표:**

이지원의 업무흐름과 일하는 방식 6가지의 관계를 좀 더 자세히 설명해 주세요. 특히 P-D-C-A 싸이클과는 어떤 관계가 있는 것인지 궁금합니다. 또한 6가지 일하는 방식은 애초부터 강조되었던 것인지, 아니면 설명의 편의상 이번에 고안해 낸 것인가요?

**강박사:**

이지원의 업무흐름에 대해 참여정부 시절 변화관리하면서 P-D-C-A 싸이클과 유사하게 강조하기는 했었지만 비교하여 정리한 것은 처음입니다. 이지원이 강조하는 일하는 방식 혁신도 결국은 동서양에서 일반적으로 쓰는 업무관리 개념과 동일하다고 생각합니다. P-D-C-A 싸이클이 나오게 된 배경이 품질관리로 명성을 얻은 일본기업처럼 미국기업들도 일하는 과정을 잘 관리하면 품질을 높일 수 있다[10]는 것이기 때문에 정부의 일하는 방식 혁신을 설명하기 위해 도입하는 것도 좋다고 생각합니다.

## 〈그림 7〉 이지원 업무흐름과 일하는 방식의 기본 6가지

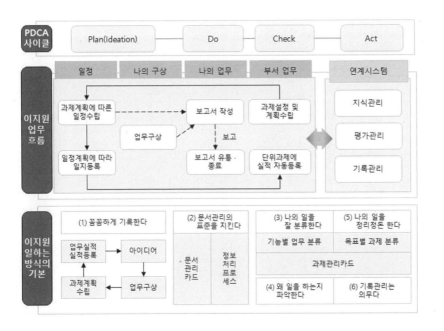

〈그림 7〉의 '이지원 업무흐름'에서 가장 앞에 있는 두 가지는 '일정'과 '나의구상'으로 개인의 작업공간입니다. 데밍 싸이클의 목표설정 및 계획수립 단계인 Plan과 비교해 보면 이지원의 범위가 더 넓습니다. 수립된 계획에 따라 개인 업무일정을 세우고, 그 일정에 맞는 실적을 일지 형태로 기록하는 것은 물론, 목표 및 계획수립의 앞 단계인 아이디어나 업무구상을 포함하고 있기 때문입니다. 아이디어, 업무구

상, 계획, 실적 등 모든 단계에서 가장 중요한 것이 기록이라서 일의 기본(1)을 '꼼꼼하게 기록한다'로 정한 것입니다.

다음은 실행 단계인 Do에 해당하는 것이 '나의업무'로 의사결정 과정을 관리합니다. 정부 행정업무의 실행은 대부분은 문서 보고로 이루어지기 때문에 이지원에서는 문서관리카드라는 보고양식을 발명하여 문서처리 프로세스를 표준화했습니다. 그래서 '문서관리의 표준을 지킨다'를 일의 기본(2)로 설정한 것입니다.

Check에 해당하는 것은 이지원의 '부서업무'로 업무분류체계에 따라 과제를 설정하고 관리하는 것이 핵심인데요. 이를 위해 '나의 일을 잘 분류한다'와 '왜 일을 하는지 파악한다' 두 가지를 일의 기본(3)과 (4)로 정했습니다. 나의 일을 단위과제로 분류하고 정부업무기능 전체의 관점에서 파악할 수 있게 하며, 내가 하는 일이 정부 전체의 목표와는 어떤 관련성이 있는지를 알 수 있게 됩니다. 이들은 모두 과제 관리카드를 토대로 표준화했으며, 주어진 일만 최소한으로 수행하거나 부서이기주의 행태를 보이기 쉬운 공직사회문화를 혁신하는 중심이라고 하겠습니다.

마지막으로 Act에 해당하는 지식관리, 평가관리, 기록관리 등 관련 시스템과의 연계업무입니다. 업무구상, 계획 및 실적 등 기록된 모든 것들을 토대로 '내 일을 정리정돈 한다'를 일의 기본(5)로 설정했는데요. 이는 시스템에 의한 국정운영의 결과물들이 지식으로 재활용되고 공정하게 평가받는 토대가 되는 것으로서 그 의미가 매우 크다고 생각합니다.

마지막으로 일의 기본(6)은 '기록관리는 의무다'로 설정했습니다. 공직사회가 민간부문의 일하는 방식과 가장 차이가 나는 부분인데요. 대부분의 정책실패 또는 국정혼란사태들은 일의 기본(6)이 제대로 실천되고 있지 않는 것이 가장 큰 이유라고 생각합니다. 물론 더 근본적인 원인은 행정업무의 모든 과정이 시스템으로 관리되지 않기 때문입니다.

데밍의 P-D-C-A싸이클에서 품질관리의 핵심은 P-D 보다는 C-A 측면에 있다는 분석도 있습니다. 계획한대로 실행하는 것인지를 점검하고 계획 자체를 수정하거나 실행방식을 바꾸는 등 새롭게 반영할 것을 발견해 내고 적용하여 품질을 높이는 것이지요. 또 여기서만 그친다면 품질의 최고가 될 수 없다고 합니다. 이러한 모든 점검(Check)과정과 조치(Act)결과를 지식으로 축적하여 다음에 유사한 일을 할 때 반영하는 것이 최고품질 보장의 핵심입니다. 이지원에서도 행정업무의 모든 과정을 꼼꼼하게 기록하도록 하고, 문서보고 방식과 프로세스를 표준화하기 위하여 P-D를 중심으로 일하는 방식 (1)과 (2)를 정한 것입니다. 한편 C-A에 대해서는 각각 2개의 일하는 방식을 할애하여 정책품질관리의 핵심을 여기에 두었음을 알 수 있습니다.

# 이지원의 메뉴 체계

이지원 메뉴체계의 가장 큰 특징은 일반적인 그룹웨어와 달리 업무처리를 촉진하기 위한 프로세스에 따라 메뉴를 구성한 것이다. 그리고 두 번째 특징은 책상 위에 아무것도 없어도 이지원에 접속만 하면 언제 어디서든 일할 수 있도록 나의 책상과 사무실을 고스란히 시스템에 담았다는 것이다. 이지원의 메뉴는 크게 △ 일정, △ 나의구상, △ 나의업무, △ 부서업무 등의 핵심기능과 △ 지식공유, △ 알림판, △ 업무지원 등의 부가기능으로 나눌 수 있는데, 그 중 핵심기능의 역할을 소개하면 다음과 같다.

〈그림 8〉 이지원 메뉴 구성

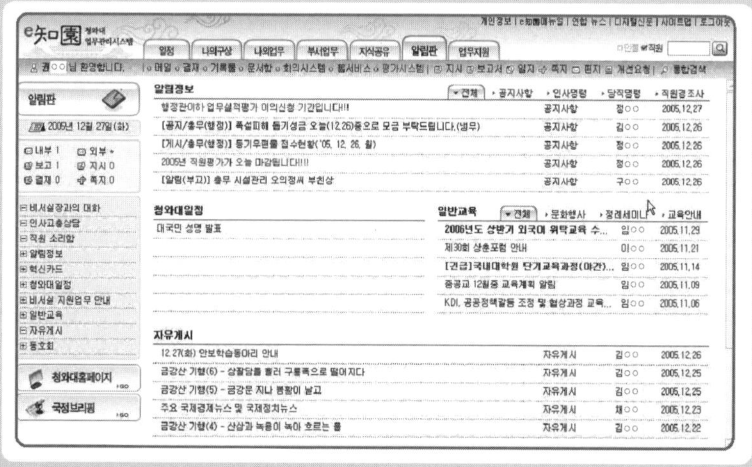

△ '일정'은 개인에게 할당된 단위과제별로 일정계획을 수립하여 업무를 추진하기 위한 곳이다. 매일 아침 출근을 하면 먼저 청와대일정과 부서일정을 확인하고 자신의 하루 업무계획을 수립하도록 하고, 수행결과를 정리함으로써 하루를 마무리하는 개인작업의 첫 관문이었다. 업무수행 결과는 보고서 또는 일지로 기록하여 과제별로 축적하면, 업무평가의 기본 자료로 활용되었다.

△ '나의구상'은 언론정보나 참고자료, 학습자료 등을 관리하는 곳으로 개인의 아이디어나 일의 실마리가 될 만한 것들을 개인의 취향에 따라 관리할 수 있도록 하였다. 실마리가 되는 아이디어나 단서는 메모형태로 저장해 개인적으로 관리하거나 타인에게 보내거나 공유할 수도 있었는데, 대통령님은 이곳에서 참모들과 함께 연설문이나 책을 공동으로 구상하고 집필하는 공간으로 활용하기도 했다.

△ '나의업무'는 내 책상 위의 결재함을 디지털 공간으로 옮겨 놓은 곳이라고 할 수 있다. 이곳에서는 업무수행 과정의 문서가 관리되어 정책이나 업무의 의사결정이 이루어졌다. '나의업무'에서는 문서를 작성하고, 보고를 올린 문서가 '검토 및 처리'되고, 지시를 하달하는 기능과 각 실에 하달된 지시사항을 확인하고 관리하는 기능까지 모두 이루어졌다. 그리고 디지털 기반으로 회의를 하는 기능도 포함되어 있었다. 이처럼 '나의업무'는 행정업무의 기반이 되는 문서처리 과정을 온라인으로 관리하고 이 과정에서 발생하는 모든 정보를 세밀하게

기록으로 남김으로써 행정업무의 투명성과 책임성을 확보하고, 문서 종료 후 업무지식으로 재활용할 수 있도록 하였다.

△ '부서업무'는 내가 속해 있는 부서의 캐비넷을 디지털 공간으로 옮겨 놓은 것이었다. 필요한 자료가 있으면 동료들을 찾아가서 일일이 확인할 필요 없이 다른 사람이 추진 중인 업무도 일목요연하게 파악할 수 있었다. 또한 내가 속한 부서가 해야 할 핵심과제가 무엇이며 어떠한 목표를 언제까지 달성해야 하는지를 항상 손쉽게 파악할 수 있어서 내가 해야 하는 업무의 방향성을 잃을 위험이 없었다. 또한, 과거에 추진했던 유사 업무를 찾아서 그 당시의 업무추진 과정을 되돌아보고 필요한 경우 첨부된 자료들을 조회함으로써 과거에 했던 시행착오를 반복해서 다시 하는 일은 더 이상 없게 했던 것이다. 더구나 과제관리카드 검색기능을 활용하면 더 쉽게 원하는 내용을 찾아서 '나의 업무'에 참조할 수 있었다. 뿐만 아니라 관련 부서나 행정부처에서 추진하고 있는 업무현황까지도 손쉽게 파악할 수 있어 구태여 전화나 팩스를 사용하지 않고도 업무파악이 가능했다.

＊출처: 『대통령 없이 일하기(2017)』 참여정부 이지원 이야기 中

# 일의 기본 ❶
# 꼼꼼하게 기록한다

| PDCA 사이클 | Plan(Ideation) | Do | Check | Act |
|---|---|---|---|---|
| 이지원 일하는 방식의 기본 | **(1) 꼼꼼하게 기록한다** | (2) 문서관리의 표준을 지킨다 | (3) 나의 일을 잘 분류한다<br>(4) 왜 일을 하는지 파악한다 | (5) 나의 일을 정리정돈한다<br>(6) 기록관리는 의무다 |

**민대표:**

'메모를 잘 하는 사람은 일도 잘한다' 와 '메모를 잘 해야만 일을 잘 할 수 있다' 는 비슷한 말 같지만 상당히 다른 의미를 주는데요. 이 지원의 일하는 기본(1)로 강조한 것이 '모든 일을 꼼꼼하게 기록한다' 인데요. 그 의미는 '메모를 잘 해야 일을 잘 할 수 있다' 에 가깝다고 보면 되는 것인지요?

**강박사:**

기록을 정확하게 꼼꼼히 하는 것이 가장 중요합니다. 기록을 해야만 정보나 지식의 축적, 공유, 재활용, 평가가 가능해지기 때문입니다. 무엇이든 기록하지 않으면 사실상 어떤 정보나 아이디어도 그 존재의 가치를 잃는다고 생각합니다. 예를 들어, 효과적인 길을 찾아 업무를 개선했을 때 그 효과가 그대로 지속되어야지 개선과정이 중간에 유실되어 버리면 다음 사람이 똑같은 시행착오를 해야 합니다. 지금까지 정부가 정권이 바뀔 때마다 이렇게 일했고, 이것이 우리가 기록에 대해 고민하는 이유입니다.

**민대표:**

기록을 하는 이유도 결국 나만을 위한 것이 아니라, 유사한 고민을 하는 다른 사람들의 시행착오를 줄이는데 두고 있다고 하셨는데요. 『다산 선생 지식경영법』[11]에는 "생각은 쉽게 달아난다. 붙들어 두지 않으면 흔적도 없이 사라진다. 생각을 붙들어 두는 방법으로 메모보다 좋은 것이 없다"고 했던 것이 생각납니다. 그렇다면 구체적으로 무엇을 어떻게 기록해야 꼼꼼하게 기록하는 것인지요? 기록의 일반원칙에 대해 설명해 주세요.

**강박사:**

기록을 좋아하는 사람들이 보통 가지고 있는 일반원칙은 두 가지 인데요. 첫째는, 언제 어디서든 무언가 생각나거나 필요하다고 생각하는 것이 있으면 그때그때 즉시 메모하는 것입니다. 둘째는, 메모한 것들을 일주일에 한 번 정도는 정기적으로 다시 보면서 잘 분류하고 활용방안을 고민하는 것입니다. 기록을 하는 이유는 활용하는 데 있음을 명심해야 하는데요. 내가 직접 활용할 수도 있고, 다른 사람에게 활용하도록 줄 수도 있을 것입니다. 물론 때로는 버리는 것도 있겠지만, 중요한 것은 기록을 한 다음에는 그것들을 분류하고 활용방안을 고민하는 습관을 가져야 하는 것입니다.

**민대표:**

그래서 이지원에는 '나의구상'이라는 메뉴가 '일정' 다음에 두 번째로 있었군요. 여기서 각종 참고자료나 업무 아이디어에 대한 메모들을 체계적으로 관리하고 발전시켜 업무로 공식화하라는 것이었네요. 아마 '꼼꼼하게 기록으로 남기기'가 가장 어려운 일이 아니었을까 하는 생각이 듭니다. 꼼꼼하게 기록하기 위해 어떻게 일하는 것이 가장 바람직한가요?

**강박사:**

비록 개인적인 생각을 기록하는 것이 쉽지는 않겠지만 '나의구상'을 이지원의 앞부분에 배치한 이유는 다음과 같은 논리에서입니다. 일반적으로 한 개인의 조그만 메모에서 시작된 구상이 아이디어 차원에서 개인적으로 관리되다가 어느 시점에서는 부서의 의제나 과제로 발전할 수 있습니다. 예를 들어 메모 중 하나가 내가 속한 부서의 과제로 선정되어 관리하게 될 수도 있고, 더 나아가 부처 차원의 과제로 확장될 수도 있습니다. 이런 것들이 단계적으로 관리될 수 있어야 합니다. 그래서 '나의구상'에서는 '할일준비'를 통해서 수집한 정보나 참고·학습 자료를 관리하고 개인의 아이디어를 체계적으로 관리할 수 있도록 했습니다. 실마리가 되는 아이디어나 단서를 메모나 파일 형태로 작성하여 개인이 분야별로 폴더를 생성하고 효율적으로 관리할 수 있도록 했는데요. 개인 차원의 정보를 다듬고 발전시키는 일련의 과정을 통해 의제로 공식화해 나갔던 것입니다(〈그림 9〉 참조).

**〈그림 9〉 이지원 '나의구상' 화면**

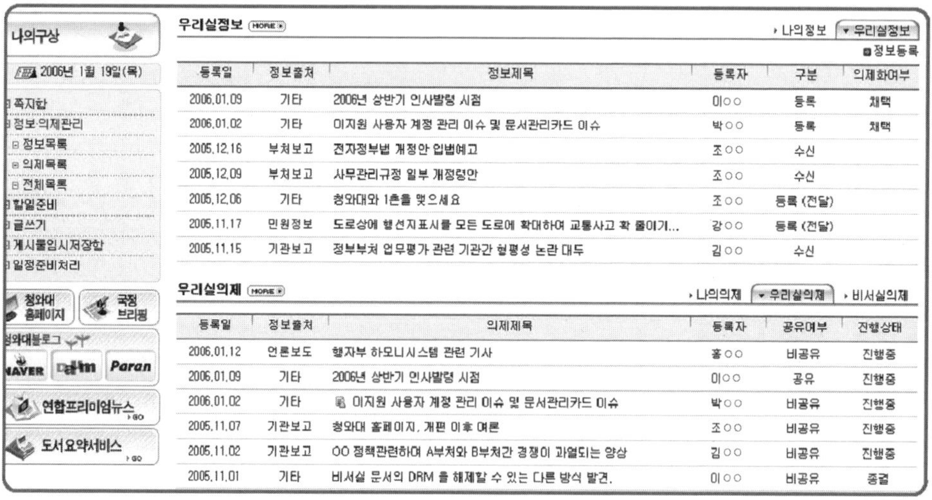


| 등록일 | 정보출처 | 정보제목 | 등록자 | 구분 | 의제화여부 |
|---|---|---|---|---|---|
| 2006.01.09 | 기타 | 2006년 상반기 인사발령 시점 | 이○○ | 등록 | 채택 |
| 2006.01.02 | 기타 | 이지원 사용자 계정 관리 이슈 및 문서관리카드 이슈 | 박○○ | 등록 | 채택 |
| 2005.12.16 | 부처보고 | 전자정부법 개정안 입법예고 | 조○○ | 수신 | |
| 2005.12.09 | 부처보고 | 사무관리규정 일부 개정령안 | 조○○ | 수신 | |
| 2005.12.06 | 기타 | 청와대와 1촌을 맺으세요 | 조○○ | 등록 (전달) | |
| 2005.11.17 | 민원정보 | 도로상에 행선지표시를 모든 도로에 확대하여 교통사고 확 줄이기... | 강○○ | 등록 (전달) | |
| 2005.11.15 | 기관보고 | 정부부처 업무평가 관련 기관간 형평성 논란 대두 | 김○○ | 수신 | |

| 등록일 | 정보출처 | 의제제목 | 등록자 | 공유여부 | 진행상태 |
|---|---|---|---|---|---|
| 2006.01.12 | 언론보도 | 행자부 하모니시스템 관련 기사 | 홍○○ | 비공유 | 진행중 |
| 2006.01.09 | 기타 | 2006년 상반기 인사발령 시점 | 이○○ | 공유 | 진행중 |
| 2006.01.02 | 기타 | 이지원 사용자 계정 관리 이슈 및 문서관리카드 이슈 | 박○○ | 비공유 | 진행중 |
| 2005.11.07 | 기관보고 | 청와대 홈페이지, 개편 이후 여론 | 조○○ | 비공유 | 진행중 |
| 2005.11.02 | 기관보고 | OO 정책관련하여 A부처와 B부처간 경쟁이 과열되는 양상 | 김○○ | 비공유 | 진행중 |
| 2005.11.01 | 기타 | 비서실 문서의 DRM 을 해제할 수 있는 다른 방식 발견. | 이○○ | 비공유 | 종결 |

민대표:

개인적인 생각의 공간을 온라인 프로세스로 구현한 '나의구상'은 세상 어디에도 없을 것 같습니다. 업무의 '실마리'가 되는 모든 것들을 기록하여 관리하고, '할일준비'를 통해 개인적인 아이디어가 업무로 공식화되는 과정까지 온라인으로 관리한다는 것은 너무 이상적인 듯합니다. '나의구상'은 새로운 일을 구상하거나 아이디어를 발굴 하는 일부 그런 재능이 있는 리더, 기획 전문가 또는 발명가들에게나 필요한 것이 아닐까 하는 생각이 드네요. 더구나 그런 구상을 기록하면 다른 사람에게 노출될 가능성이 높아지는 것도 대부분 싫어할 것 같습니다. 물론 협업이 필요한 예외적인 경우를 제외하고는 말입니다.

**강박사:**

인정합니다. 너무 이상적인 생각일 수 있습니다. 아마 참여정부 청와대에서도 노무현 대통령만 주로 아이디어의 단초가 되는 구상 단계부터 기록해서 아이디어로 보다 구체화하고, 그것을 다시 과제로 만들어 가는 프로세스를 적용해 보았던 것으로 알고 있습니다. 물론 일부 개발팀원들도 시스템 테스트를 위해서 함께 사용하기도 했지만, 진정 원해서 구상-아이디어-과제의 단계로 기록을 꼼꼼히 해 본 사람은 노무현 대통령 혼자인 듯합니다. 그럼에도 불구하고 노무현 대통령 자신은 구상단계부터 기록하여 관리하는 효용성이 매우 크다고 생각했습니다. 특히 "구상단계의 기록이 시스템에 쌓여서 추후에 비슷한 구상을 다시 하게 될 경우 검색해 보면 예전에 여기까지 생각했던 것을 바로 알 수 있게 되고, 이번엔 거기에 이런 생각을 추가해 보자. 이렇게 차곡차곡 구상이 구체화되는 것을 경험해 봐야한다"고 했습니다. 또한 "필요시 같이 고민하는 팀과 공유하면서 자신의 구상을 발전시켜 나가거나, 다른 팀원의 구상과 결합하는 등 구상의 시너지 창출이 가능하다는 것을 직접 경험해 보아야 한다"고 하셨습니다. 정책을 입안하는 고위공무원들이 이렇게 정책구상을 관리한다면 노무현 대통령은 대한민국의 정책품질이 세계최고로 높아질 수 있다고 확신했습니다. 더구나 일부 정책구상에 대해서는 필요시 일반국민과 함께 정책토론 플랫폼 같은 것을 만들어 공개적으로 의견을 구한다면 진정 국민을 위한 정책이 만들어질 가능성이 높아진다고 생각했습니다. 물론 참여정부 시절에도 여기까지 가지는 못했지요. 그러나 이젠 가능할 수 있다고 믿습니다. IT기술도 엄청나게 발전했고, 국민들의 의식 수준도 매우 높아졌기 때문입니다. 어쩌면 국민들이 이러한 요구를 하게 될지도 모른다고 생각합니다.

**민대표:**

〈그림 9〉'나의구상' 화면을 보면 개인 단위의 정보관리 외에 부서 단위에서 공유하고 검토가 필요한 정보('우리실 정보')와 의제('우리실 의제')를 관리하는 부분도 보이는데요. 이것은 무엇인지 궁금합니다.

**강박사:**

정보·의제관리에 대해 설명 드리겠습니다(〈그림 10〉 참조). '할 일준비'에서 관리되는 개인이 취득한 객관적 사실이나 자료 중 부서 단위로 확인과 점검이 필요해 공유한 것이 '우리실 정보'로써 비공식 단계의 자료입니다. 이 중 부서회의나 관련자 협의를 통해 사실관계 확인이나 대응이 필요하다고 판단되는 정보는 의제로 별도로 관리했습니다.

## 〈그림 10〉 참여정부 대통령비서실의 정보의제관리 프로세스

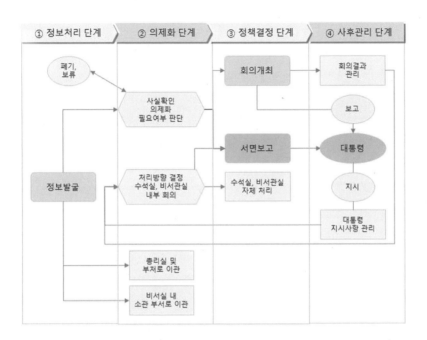

이러한 일련의 과정을 통해 업무의 단서 하나까지 빠짐없이 기록으로 관리하게 되면, 업무처리 누락도 줄일 수 있고 다양한 문제를 사전에 방지할 수 있습니다.

정보·의제관리를 위해 각 부서별로 담당자를 선정하고 시스템에 등록하여 정보를 분류하고 판단하여 단순 종료하거나 타 부서로 전달 또는 의제로 선정하는 역할을 했습니다. 이를 통해 부처보고, 정보기관보고, 언론보도, 민원정보 등 청와대에서 수집되는 다양한 정보가 누락 유실되지 않게 관리했습니다.

**민대표:**

설명을 듣고 보니 청와대라는 업무의 특수성 때문에 정보·의제관리가 굉장히 중요했을 것 같다는 생각이 드네요. 그럼, 이지원이 도입되고 나서 참여정부 청와대의 기록문화는 어느 정도 성공적이었다고 생각하십니까?

**강박사:**

퇴임하기 6개월 전부터 기록 정리를 하면서 느낀 것은 엄청나게 기록의 양과 질이 달라졌다는 것이었습니다. 전통적으로 기록이라고 생각하지 않았던 일정과 일지 형식도 기록으로 헤아린다면 그야말로 역대 어느 정부에서 보지 못했던 기록을 남긴 것이라고 자부합니다. 특히 의사결정을 위한 최종 보고서만 남긴 것이 아니라, 그 결정과정과 참고자료 등을 함께 남겼기 때문에 다음 정부에서 제대로 활용한다면 정책의 품질을 높일 수 있는 기반을 충분히 마련했던 것입니다. 그러나 아쉽게도 그 훌륭한 기록들이 국가기록원의 유물로 변해 버려 안타깝습니다. 참여정부 이후 두 번의 정부에서도 이지원을 그대로 사용하면서 일하는 방식을 이어 갔더라면 지금과 같은 역사적인 혼란은 없었을 것이고, 정책의 품질은 이미 세계 최고 수준이 되었을 것이라고 생각하기 때문입니다.

# 메모와 기록의 중요성에 관한 사례

　메모의 중요성은 아무리 강조해도 지나치지 않다. 수많은 위인들이 강조했듯이, 메모는 단순한 기억의 보조 장치가 아니다. 메모는 '생각의 반응로' 이자 '창의성의 원천' 이다. 칸트, 니체, 정약용, 잡스 등 인류의 위대한 리더들은 모두 메모광이었다. 갑자기 떠오른 악상을 호텔 메모지에 적은 존 레넌은 이 메모를 불후의 명곡 "이매진" (Imagine)으로 탄생시켰고, 미국 헌법의 뼈대를 만든 '건국의 아버지' 벤자민 프랭클린은 '다이어리의 아버지' 로도 불릴 만큼 메모광이었다. 스타플레이어도 아닌 코치 출신 감독이 하위권만 맴돌던 넥센을 3연속 포스트시즌에 올려놓으며 강팀으로 변모시킨 힘 역시 19년 동안 경기의 모든 상황을 메모하고 자신의 생각을 기록한 6권의 전술노트에서 나왔다.

　　　　　　　*출처: 「머니투데이」 나윤정 기자(2016.12.6.)

　그렇다면 어떻게 메모할 것인가. 사카토 겐지의 저서 『메모의 기술』을 참고하면 언제 어디서든 메모하는 게 가장 중요하다. 메모와 IT 기술을 융합하면 내게 맞는 메모의 기술을 효과적으로 습관화할 수 있다. 스마트폰 일정관리프로그램과 알람 기능을 사용하면 편리하게 중요한 약속 등을 관리할 수 있다. 순간적으로 떠오르는 아이디어는 스마트폰 등 IT기술을 이용해 메모하되 일주일에 한 번씩 수첩에 다시 정리하는 시간을 갖자. 급하게 적느라 두서없던 생각이 정리되고 더 큰 그림도 볼 수 있다. 필기하기가 어려운 장소에서는 녹음기능을 활용해 메모를 하자. 예컨대 '에버노트' 앱[12]을 이용하면 사진파일을 메모장에 함께 저장할 수 있고 오래된 메모도 검색기능으로 쉽게 확인할 수 있다. N코드[13]가 코팅된 종이에 스마트펜으로 필기를 하면 종이 위에 적힌 메모가 스마트폰에 그대로 전달된다. 필기를 자주하는 사람에게 유용하며 아날로그와 디지털의 절묘한 조화를 느낄 수 있다. 특히 스마트폰의 일정관리와 에버노트, 스마트펜 등은 각각으로도 훌륭한 메모 도구지만 이들을 접목해 사용하면 서로의 장단점이 보완돼 시너지 효과를 기대할 수 있다.

＊출처: 「머니위크」, 433호, 메모의 기술, 신동일


하루 5분 짧은 시간이라도 매일같이 메모하는 습관을 들이면 평범한 일상이 비범한 순간들의 연속으로 바뀌는 놀라운 기적을 경험하게 된다. 메모는 '누구나 쉽게 짧은 시간 안에 삶을 변화시키는 기술' 이자, '삶의 다양한 영역에 적용할 수 있는 기반기술' 이며, '삶의 전 영역이 한데로 모이고 쌓이는 나만의 플랫폼' 이다.

＊출처: 『메모하는 힘(2015)』 신정철

# 일의 기본 ❷
# 문서 관리의 표준을 지킨다

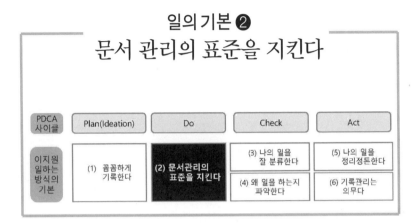

| PDCA 사이클 | Plan(Ideation) | Do | Check | Act |
|---|---|---|---|---|
| 이지원 일하는 방식의 기본 | (1) 꼼꼼하게 기록한다 | (2) 문서관리의 표준을 지킨다 | (3) 나의 일을 잘 분류한다 | (5) 나의 일을 정리정돈한다 |
| | | | (4) 왜 일을 하는지 파악한다 | (6) 기록관리는 의무다 |

**민대표:**

정부 행정업무의 최종결과물은 대부분 문서로 작성된 보고서 형태입니다. 기업에서도 제조현장을 제외하고는 대부분 본사업무의 결과물은 문서 형태로 남게 되는데요. 이지원의 일하는 기본(2)가 '문서 관리의 표준을 지킨다' 인 이유가 바로 여기에 있는 것 같습니다. 그 배경에 대해 보다 자세히 말씀 주세요.

**강박사:**

네. 맞습니다. 정부의 모든 행정업무나 기업의 일도 정보처리의 과정입니다. 처음 단계는 정보를 수집하거나 사람의 머리에서 생각을 합니다. 이런 정보들은 문서 형태로 작성되어 유통되고, 유통과정에서도 끊임없이 가공이 됩니다. 정보처리 과정에서도 그렇고 사후에라도 항상 문서화되기 때문에 결국은 모든 행정업무는 문서로 이루어진다고 말할 수 있습니다. 따라서 문서처리를 완벽하게 하면 업무처리도 완벽하게 되는 것입니다. 그러나 업무처리 과정을 보면 문서가 생성되어, 유통되고, 활용되는 일련의 프로세스 관리가 제대로 안 되고 있다는 문제의식에서 이지원의 문서관리는 출발했습니다.

이지원을 통해 문서관리가 표준화되어 관리되면 ① 업무처리나 의사결정이 빨라지고, ② 업무가 끝난 후에는 평가 자료로 활용할 수 있고, ③ 후대의 역사적 자료로서 가치가 있어, ④ 문서자체가 업무프로세스를 표준화하는 기본이 될 것이라는 배경과 목적을 가지고 있습니다.

**민대표:**

문서관리를 표준화한 배경과 철학을 들으니 평소에 여러 가지 문서를 보면서 느꼈던 불편함을 개선하려고 한 것 같아 놀랍네요. 모든 업무가 정보처리의 과정이라고 하셨는데 그 부분에 대해 좀 더 자세히 설명해 주세요.

**강박사:**

정보처리의 과정은 누구나 똑같은 것입니다. 모든 사람들이 일을 하기 위해서는 관련된 정보를 수집하거나, 다른 사람으로부터 접수하거나, 직접 생산하기도 합니다. 이런 정보들을 토대로 문서로 가공하고, 그 문서를 유통하고, 유통과정에서 또 가공되고, 그 다음에 일이 끝나면 문서가 종결되고, 그 이후로는 문서가 자료로 저장됩니다. 이해하기 쉽도록 다시 한 번 〈그림 11〉을 가지고 단계별로 예를 들어 설명해 보겠습니다.

## 〈그림 11〉 행정업무의 정보처리 과정

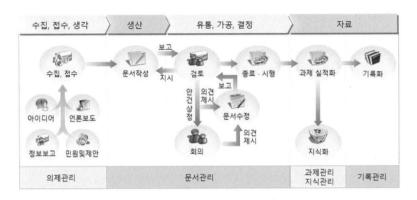

### ① 정보의 수집 · 접수 · 생산

조직에서 제일 하급자라면, 가장 중요한 정보는 상급자의 지시일 것입니다. 상급자라면 하급자의 보고가 중요하고, 또 바깥에서 보내오는 정보보고가 있을 수 있을 텐데요. 외부보고서, 매체, 풍문이 있을 수 있고, 개인적으로 찾아내는 정보도 있을 수 있고, 머릿속에 떠오른 생각도 있는데 이런 것들을 다 모아 놓는 것이 첫 단계입니다.

### ② 문서 작성

이렇게 접수된 정보 중 의미 있는 내용을 선별해 주제의 성격에 따라 메모, 보고서, 기안서로 작성하게 됩니다. 여기까지는 개인의 영역, 즉, 비공식의 영역입니다.

### ③ 문서의 유통 · 가공

이렇게 작성된 문서가 개인영역을 떠나면 유통이 시작됩니다. 상급자는 지시의 형태로, 하급자는 보고의 형태가 될 것이며, 회의의 안건으로 제안을 할 수도 있습니다. 이런 유통의 과정에서 협력 요청, 참조 등으로 유통의 목적이 다르며, 의사결정이 일어나기도 하고 다시 가공이 되기도 합니다.

### ④ 문서를 토대로 의사결정

문서가 유통과정 중 의사결정으로 정보의 임무가 완료될 수 있는데요. 이때 업무가 완료되는 것이 아니라 해당 정보의 처리가 완료된 것으로 문서의 기능만 완료되었다고 봐야 합니다. 문서가 완료되기 위해서는 의사결정과정에 편입되어 시행할지, 보완할지, 검토할지, 보류할지로 나누어 후속조치와 연결되는 경우도 있고, 그냥 참조로만 그치는 경우도 있습니다.

### ⑤ 문서의 자료화

이런 과정을 거쳐 완료된 문서는 자료로서 축적됩니다.

이렇게 설명하니 이해에 도움이 되지요? 다시 한번 강조하지만 모든 행정업무는 정보처리의 과정이고, 그 과정에서 생산되는 문서의 라이프사이클 관리를 표준화하는 것은 매우 중요합니다. 표준화는 일 자체를 보다 과학적으로 관리할 수 있는 기반을 만들기 때문입니다.


**민대표:**

네. 이제 좀 이해가 되네요. 그런데 무엇으로 어떻게 표준화한다는 것인지 잘 모르겠습니다. 재무회계처럼 문서관리에도 표준이 있을까 의문이 들기도 하구요. 그리고 전자결재시스템이나 일반 문서관리 (EDMS)[14]와는 무슨 차이가 있는 것인지 궁금합니다.

**강박사:**

맞습니다. 재무회계와 달리 그때나 지금이나 문서관리의 표준은 없는 것 같습니다. 그래서 문서관리의 표준을 세우고자 노무현 대통령과 이지원 개발팀은 더 많은 고민과 노력을 했습니다. 이것이 유일한 답은 아닐 것입니다만 설명해 보겠습니다. 이지원에서는 정보처리의 모든 과정을 관리할 수 있도록 문서관리시스템을 설계했습니다. 물론 이 과정에서 수많은 토론과 시행착오도 있었습니다. 그 개발 과정 자체에 관심 있으신 분들은 "부록1. 참여정부 업무관리 시스템 이지원 개발 과정"을 참고해 주십시오.

결론을 우선 말씀드리면 이지원 문서관리시스템은 디지털시대에 맞도록 행정업무처리 프로세스를 재정비하여 과거의 낡은 업무관행을 바꾸고, 효율적이고 투명한 업무처리가 가능하도록 행정업무의 기본을 바로 세우는 작업이었습니다. 문서관리시스템의 핵심에는 문서관리카드가 있습니다. 신용카드와 같은 플라스틱 카드는 물론 아닙니다. 의사들이 사용하는 진료기록카드와 같이 문서를 관리하기 위한 일종의 표준 양식이라고 생각하면 가장 이해하기 쉬울 것입니다.

문서관리카드는 한마디로 작성자가 왜 이 문서를 작성하게 되었는지에 대한 배경과 문서생산부터, 중간검토자와 최종의사결정자의 검토과정은 물론, 어떻게 홍보하고 기록관리 할 것인지 구체적인 방법까지 문서의 라이프사이클 전체를 시스템화한 것입니다. 이는 업무담당자가 아니면 보고서만 봐서는 알 수 없었던 내용을 누구라도 문서관리카드만 보면 작성자가 무슨 정보를 바탕으로 문서를 생성하였고, 누구와 협의하고 보고하는 과정을 거쳐서 정책이 어떻게 결정되었는지까지도 알 수 있도록 했습니다. 또한 이 보고와 관련해 어떤 지시들이 있었는지 파악할 수 있도록 하고, 나아가 어떤 방법으로 홍보가 진행되고, 언제까지 어떻게 기록관리 할 것인지가 한눈에 파악할 수 있도록 설계했습니다.

문서관리카드는 문서의 최종결과만 관리하는 것 보다는 그 내용이 나오기까지의 경로가 어떻게 되었느냐를 관리하는 표준을 만든 것이 가장 큰 특징입니다. 기존의 전자결재시스템 등과 무슨 차이가 있는지는 〈그림 12〉에 비교했듯이 정보처리 과정 전체를 관리했으며, 특히 경로부는 전자결재 등과는 달리 쌍방향 의사소통이 가능하도록 해 한 문서를 수정보완하며 다시 보고할 수 있도록 한 것도 특징이라고 할 수 있습니다.

**민대표:**

이지원 문서관리시스템과 전자결재시스템, 일반문서관리시스템을 비교한 〈그림 12〉를 보면 차이가 잘 이해되지 않네요. 얼핏 보기엔 세 개의 시스템이 모두 비슷한 것 같다는 생각이 듭니다. 이지원 문서관리시스템의 핵심인 문서관리카드에 대해 구체적으로 설명을 해 주시면 그 차이점이 명확하게 드러날 것 같습니다.

## 〈그림 12〉 이지원 문서관리시스템과 전자결재시스템의 차이점

| | 이지원 문서관리시스템 | 전자결재시스템 | 일반 문서관리시스템 |
|---|---|---|---|
| 목적 | • 문서의 생성부터 의사결정 전과정 관리 → 행정의 효율성과 투명성 증대 | • 직무상 처리해야 할 일들을 결재 받아 대내외적으로 유통 | • 업무처리 한 문서를 등록/저장하여 업무에 재활용 |
| 본문 | • 문서의 속성과 본문이 분리되어 존재하며 문서의 속성과 처리 과정을 통해서 본문 접근<br>• 특정 워드프로세서에 종속되지 않고 다양한 형식의 파일 포맷을 사용 가능<br>• 본문의 변경 이력관리 가능 | • 문서의 속성이 본문파일(양식)에 저장되고 본문 중심으로 운영<br>• 정해진 결재양식을 바탕으로 특정 워드프로세서만 지원 | • 간단한 문서의 속성을 통해 본문 접근<br>• 다양한 문서를 획득하여 관리 (보고서, 메일, PC파일, 결재문서, 스캔파일 등) |
| 경로부 | • 보고, 협조, 참조 및 회의체 지정가능<br>• 같은 사용자의 복수지정을 통한 쌍방향 커뮤니케이션 | • 검토, 결재, 전결, 대결, 부서협조, 병렬협조 지정<br>• 복수지정이 불가능한 단방향성 의사결정<br>• 문서유통을 위한 수신처 지정가능 | • 문서유통 프로세스 없음 |
| 시스템연계 | • 지시사항시스템과 연동하여 지시하달 및 관련지시 연동<br>• 과제관리시스템 (일정/일지)과 연동<br>• 정보의제관리시스템과 정보출처로 연동 | • '전자문서 유통표준'을 이용해 부처간 문서 (시행문) 유통<br>• '행정정보시스템 연계 표준'을 이용하여 기간 시스템 연동 | • 메일, 전자결재 등 등록 편의성 제공 |
| 관리부 속성 | • 문서번호, 보존기간, 보안등급, 접근권한, 공개 및 홍보관리 | • 문서번호, 보존기간, 보안등급, 공개 여부 | • 비밀분류, 보존 년한 |
| 보존 기록 | • 과제분류 체계에 따라 단위 과제에 등록 | • 기록문절(문서대장)에 등록 | • 문서 분류 체계 수립, 분야별로 등록 |

**강박사:**

문서관리카드는 〈그림 13〉에서 보듯이 크게 '표제부', '경로부', '관리속성부' 세 가지의 파트으로 구성되어 있는데, '표제부'는 문서의 핵심내용을, '경로부'는 문서 보고과정의 의견을, '관리속성부'는 문서관리 기준 등을 한 페이지에서 파악할 수 있도록 표준을 정한 것입니다. 문서의 앞부분에 핵심을 요약하는 경우는 있어도, 이 문서가 어떤 과정을 거쳐서 왜 최종의사결정자에게 보고되는 것인지를 명확하게 하는 경우는 거의 없다는 문제의식에서 개발한 문서관리카드의 핵심은 경로부입니다. 중간 검토과정에서 각자 정확한 의견을 기록하게 함으로써 업무(정책)의 시행착오를 줄이고, 업무의 품질을 높이는 것은 물론, 업무처리의 투명성과 책임성을 강화하고, 결국 합리적인 의사결정을 이끌어내는 것이 그 목적이었습니다. 문서관리카드의 세 가지 파트에 대해서는 〈그림 13〉의 사례를 가지고 보다 구체적으로 설명해 보겠습니다.

'표제부'는 문서의 제목과 부제(키워드)는 무엇이고 어떤 과제와 연계되어 있으며, 정보출처는 무엇인지, 문서를 작성한 취지는 무엇인지, 최초 작성자는 누구이며 언제 작성했는지 등을 통해 문서 의 핵심정보를 한 눈에 파악할 수 있게 해 줍니다.

# 〈그림 13〉 문서관리카드 작성 예시

◉ 문서속성카드

[보고경로] [문서처리] [계속검토]

● [표제부]

| 제목 | 전자정부사업 추진현황 및 문제점 |
|---|---|
| 부제 | 전자정부 로드맵 과제로 추진하고 있는 31대 정보화 과제 종합 점검 |
| 과제명 | 전자정부사업 점검 ◎과제조회 |
| 정보출처 | [지시사항] 6.19 전자정부사업 추진현황 파악 보고 할 것을 지시<br>📎 6.19 전자정부사업 추진현황 (39K) |
| 문서취지 | 학계 및 민간전문가와의 인터뷰를 통해 전자정부사업의 과제 및 추진체계 현황을 파악하고 추진상 문제점 및 장안을 분석하여 향후 개선방안에 대비 정리<br>📎 [본문] 전자정부사업 추진현황 및 문제점 (20K)<br>📎 [별첨] 전문가 인터뷰 요지 (19K)  📎 [별첨2] 외국 사례 보고서 (30K) |
| 작성일 | 2004.09.15 | 작성자 | 업무혁신비서관실 방정환 팀 ○○ |

● [경로부]

| 경로 | 요청상태 | 내용 | 처리결과 | 본문이력 |
|---|---|---|---|---|
| 업무혁신비서관<br>강○○ | ― | 전자정부 31대 과제별 현황 및 문제점을 종합적으로 점검하고 전자정부의 미래모습과 목표를 구체화하는 VIP 주재 전자정부 사업 점검회의를 조속히 개최할 필요성이 있습니다.<br>📎 전자정보 로드맵.hwp | 보고 | [원본] 1.0 |
| 사회정책수석<br>이○○ | 협조 | 이견없음 | 승인 | |
| 일일현안점검회의 | 보고지시 · 의견바람 | 개선방안을 좀더 구체화 할 필요가 있음. | 보고 | [본문수정] 1.1 |
| 비서실장<br>김○○ | 보고지시 · 의견바람 | 정부혁신위 및 정책실장 - 전자정부 위원회 개최. 전체관계 부처 참석<br>1. 진행상황 점검<br>2. 범정부 추진체계 정비<br>3. 이후 추진계획<br>논의 확정하도록 준비 바랍니다. | 지시시행 | |
| [참조] 정책실장 김○○, 총무비서과 정○○ |||||
| 대통령 | 보고[참고바람] | 본 보고서의 경우 행자부에서 추진하는 것이 바람직할 것으로 판단됨 | 의견 | |
| [참조] 혁신관리비서관, 국정상황실장 |||||
| 사회정책수석실 | 지시[주관] | 사회정책비서관실에서 업무혁신비서관실과 협의하여 추진 | 지시확인 | |
| 사회정책비서관실 | 지시[주관] | 전자정부사업 내용파악을 업무혁신비서관실이, 기타지원을 사회정책비서관실이 담당하는 것이 바람직 | 주관부서변경 | |
| 업무혁신비서관실 | 지시[주관] | 정부혁신위, 행자부 등 관련부서와 업무회의를 조속히 개최할 것 | 지시확인 | |
| 총무비서관실 | 지시[협조] | | | |
| [지시참조] 혁신관리비서관실, 국정상황실 |||||

● [관련속성부]

| 문서번호 | 업무혁신-2004-11 | 보존기간 | 영구 ▼ | 비밀분류 | 일반 ▼ |
|---|---|---|---|---|---|
| 공개여부 | ◉비공개 (업무의 원활한 추진) ○공개 ( 즉시 ▼  2004.09.15 🗓 공개근거 정보공개법 ▼ ) |||||

| ○읽기<br>○읽기·인쇄<br>○읽기·인쇄·쓰기 | 업무혁신비서관/읽기+인쇄+쓰기<br>사회정책수석비서관/평가+인쇄<br>국정상황실장/읽기<br>혁신관리비서관/읽기 | [추가]<br>[삭제] |
|---|---|---|

이지원, 대통령의 일하는 방식 103

여기서 정보출처는 이 문서를 작성하게 된 이유가 무엇인지를 명확하게 하는 것입니다. 누구의 지시사항에 의해 작성한 것인지 아니면 작성자 스스로 어떤 정보소스를 가지고 작성한 문서인지 등을 밝히는 것입니다.

〈그림 13〉의 예를 보면, 온라인으로 보고받는 사람들은 문서의 핵심내용을 순차적으로 파악하게 됩니다. "전자정부사업 추진현황과 문제점을 보고하는 문서인데, 전자정부 31대 로드맵과제에 대한 종합점검이 핵심이고, '전자정부사업 점검'이라는 과제와 연계되어 있구나. 필요시 과제조회 버튼을 누르면 해당 과제카드를 통해 이 업무의 이력(History)과 관계성(Context)을 파악할 수 있고, 정보출처를 통해 지시사항에서 출발한 업무임을 알 수 있다. 첨부파일을 클릭하면 구체적인 지시내용도 파악 가능하고, 문서취지를 통해 전자정부사업 개선방안에 대한 보고가 목적임을 알게 되었으나 최종의사결정자가 무엇을 해야 하는지에 대해서는 명확하게 서술되어 있지 않았다. 문서취지의 첨부파일들이 바로 보고서인데 1개의 본문과 2개의 별첨으로, 명시된 파일 크기를 보면 수십 페이지로 추측할 수 있다. 문서보고서의 최초 작성일은 9월 15일, 즉 지시 이후 약 3개월 정도 지난 시점임을 알게 되고, 작성자가 누구인지도 확인한다."

'경로부'는 중간검토자들의 의견과 문서처리 결과를 한눈에 파악하게 하는 것이 목적인데, 문서를 수정한 경우 그 하위 버전을 본문이력에서 확인할 수 있도록 했습니다. 〈그림 13〉의 예를 보면, "담당비서관은 대통령 주재 전자정부사업 점검회의 조속 개최 의견을 기록했고, 참고적으로 이 업무와 관련성이 깊은 전자정부 로드맵을 별첨파일로 만들어 필요시 볼 수 있도록 했다. 다음 협조 경로에 있는 수석은 '이견 없음'으로 승인했음을 알 수 있고, '일일현안점검회의'에서는 개선방안을 구체화하라는 의견이 있어서 본문을 수정했음을 알 수 있다. 다음 경로에서는 비서실장의 지시의견을 바라는 문서임을 확인할 수 있으며, 전자정부위원회 개최를 지시했다. 대통령에게는 참고바람으로 문서보고를 했으나 행정자치부에서 업무를 추진하는 것이 바람직하다는 의견을 제시했다. 물론 각 경로에서 참조로 지정된 사람들도 의견이 있으면 그 의견을 기록할 수 있으나 이 경우에는 참조자들의 의견은 없었다. 그러나 의사결정자는 최소한 누가 참조했는지는 파악할 수 있다. 대통령이 의견을 주면서 참조자를 추가로 지정하여 의견이 반영되도록 한 것도 알 수 있으며, 문서보고 종료 이후에는 비서실장의 지시와 대통령 의견을 중심으로 각 부서에서 추진할 내용들 또한 경로에서 파악할 수 있다." 이처럼 경로부에 의견을 표준적인 방법으로 잘 기록하면, 보고서 본문을 확인하지 않고도 신속하게 최종의사결정을 할 수 있는 장점이 있으며, 문서보고 이후의 업무처리 결과까지도 파악할 수 있습니다. 중간 검토 과정에서 누가 어떤 의견이 있는지도 투명하게 기록되어 있어서 업무의 책임성 또한 명확해 지는 장점도 있습니다.

마지막으로 '관리속성부'에서는 문서번호, 보존기간, 비밀분류, 공개여부, 공개근거, 문서에 대한 접근권한 등을 확인할 수 있으며, 필요시 문서종료 이전까지는 변경할 수도 있습니다. 문서관리를 위한 속성들은 관련 법규 변경 등에 따라 추가 또는 수정이 가능합니다. 문서 종료 이후에는 기록관리시스템과 연계되어야 하는데, 자세한 것은 이 지원의 일하는 기본(5)에서 설명하겠습니다.

비록 한 페이지에 불과한 문서관리카드이지만 업무 처리의 모든 과정을 기록하게 함으로써 이후 유사한 업무를 처리할 때 중요한 참고 자료로 활용할 수 있고, 불필요한 문서 재작성을 줄일 수 있어 업무의 효율성을 향상시킬 수 있습니다. 또한 업무 인수인계는 물론 과거처럼 최종보고서만 후대에 남는 게 아니라 일 처리의 모든 과정을 유추할 수 있게 한다는 것은 역사적 가치가 크다고 하겠습니다. 아울러 문서 관리카드를 기반으로 통합적인 업무관리가 가능토록 하여 의사결정의 시간을 단축하고, 의사결정 구조를 단순화하여 불필요한 처리 단계를 최소화하는 효과도 있습니다. 〈그림 14〉의 문서관리시스템의 기대 효과를 보면 정부 및 공공기관의 행정업무는 물론 민간의 비정형 업무에도 적용되는 것이 바람직하다고 생각합니다.

**민대표:**

설명을 들어 보니 문서관리카드가 굉장히 중요한 것이었네요. 문서관리카드의 핵심은 경로부에 있고, 중간검토과정에서 의견을 투명하고 책임감 있게 기록해야만 한다고 하셨는데, 참여정부 시절에 문서관리 표준화의 성과는 어느 정도 있었다고 생각하는지 말씀해 주시면 감사하겠습니다.

## 〈그림 14〉 문서관리시스템의 기대효과

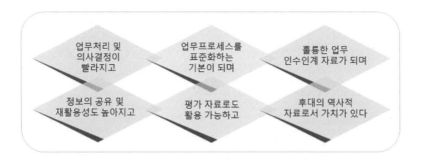

**강박사:**

새로운 시스템이나 제도가 정착하기까지 어려움을 겪는 것처럼, 문서관리시스템 또한 활성화되기까지 여러 가지 어려움에 부딪쳤습니다. 도입 초기에는 문서관리카드 즉, 문서를 속성별로 정의하고 유통과정을 관리한다는 개념이 기존의 대면보고에 익숙했던 비서실 문화에는 매우 생소하게 받아들여졌습니다. 초기에는 총무, 업무혁신, 국정상황 등 일부 부서에서 시범적으로 활용하였고, 전 부서 확대 실시 이후에도 대통령보고서에 문서관리시스템을 우선적으로 적용하기 시작했습니다. 이는 "문서관리카드에 작성된 보고서가 아니면 결재 안 한다"는 대통령의 강력한 의지 때문에 대통령보고가 많은 부서는 문서관리카드를 적극적으로 사용할 수밖에 없었습니다. 또한 비서실장, 수석, 보좌관 등에게 보고하는 경우에는 여전히 서면보고(이메일)가 일반적으로 사용되기도 하였으나, 보고서의 처리 경로 상 대통령에게 보고 이전에 수석보좌관, 실장 등의 경로를 거치게 되어 중간 검토자들도 문서관리카드에 점차 익숙해졌습니다. 그러나 문서관리카드 사용이 점차 자리를 잡아가는 와중에도 대통령보고를 하지 않는 부서는 일종의 섬처럼 문서관리시스템을 전혀 사용하지 않는 경우도 있었습니다.

한편 문서관리시스템 적용 초기에 직원들의 반발도 만만치 않았습니다. 예를 들어 같은 사무실에서 근무하는 비서관에게 구두로 보고하거나 작성한 보고서를 곧장 출력하여 보고하는 것이 문서관리카드를 사용하는 것보다 편리하고 문서처리 시간도 단축된다는 것이었습니다. 즉 몇 단계의 보고 경로를 거치는 경우에는 문서관리카드가 유용하지만 비서관에게만 보고하고 끝나는 경우에는 오히려 불편할 수도 있다는 것입니다. 이에 대해 '구두보고나 이메일은 기록으로 남지 않고 관리도 어렵다. 향후 인수인계나 업무기록파악 등의 목적을 위해서라도 문서관리카드를 사용하는 것이 더 바람직하다' 는 이유로 설득했습니다. 이러한 변화관리 노력으로 이지원 문서관리시스템 활용 1년여 지난 시점부터 참여정부 청와대의 보고문서는 80% 이상 문서관리카드로 표준화하여 온라인 보고가 이루어져 이전 정부들과 비교하면 상당한 성과를 거두었다고 하겠습니다.

내용적으로 보면, 문서관리카드는 청와대에서 일하는 과정 속에서 대통령과 일선 직원들과의 직접 커뮤니케이션을 가능하게 하는 혁신적인 수단이 되었다는 점을 강조하고 싶습니다. 과거 같으면 대통령이 행정관 보고서에 직접 코멘트 하는 일이 상상이나 할 수 있었겠습니까? 보고서 작성자와 검토자는 자신의 의견을 첨부할 수 있고 대통령은 이에 대한 의견을 주거나 판단의 근거로 활용합니다. 문서관리시스템 도입 초기에는 일선 행정관이 작성한 보고서에 대통령이 직접 의견을 달아 담당자가 이를 '사건'으로 받아들였던 경우도 적지 않았습니다. 특히 경로부에서는 치열한 토론이 벌어져 정책결정과정이 적나라하게 드러나기도 했습니다.

〈그림15〉의 예에서 보듯이 대통령비서실에서는 사이버공간에서 토론회가 매일 수도 없이 벌어지는 셈이 된 것입니다. 끝까지 자세히 읽어 보면 사회적 지표가 국가경쟁력에 미치는 영향을 과학적으로 증명해 보라고 대통령이 지시한 것에 대한 보고서임을 알 수 있습니다. 정책기획위원회 담당과장이 작성한 보고서(버전1.0)를 온라인으로 보고한 후, 위원장의 검토의견을 반영하여 보고서를 수정(버전2.0)하여 청와대 사회정책수석에게 협조의견을 요청했습니다. 반대의견을 피력한 내용에 대해 담당 과장은 의견란에 별도로 상세한 검토내용을 첨부하여 다시 협조로 보냈습니다. 정책실장도 논리보완이 필요하지만 업무보고로 올린다는 의견을 명시해서 온라인 보고를 했습니다. 이에 대해 대통령이 최종의견을 명시한 것을 보고 담당과장은 보고를 종료 처리 했다는 과정을 그대로 알 수 있습니다. 당시 혁신관리비서관인 필자에게도 사회정책수석이 참조 권한을 주었었지만 지금은 전혀 기억이 없을 것입니다. 그러나 문서관리카드의 경로부를 10여 년이 지난 지금 다시 보면 그 당시에 누가 무슨 의견을 가지고 있었는지, 최종결론은 무엇인지를 마치 드라마를 보듯이 생생하게 알 수 있습니다. 물론 그 당시 상황을 100% 추측하긴 어렵겠지만, 지금 누구라도 유사한

내용에 대한 보고서를 준비한다면 매우 소중한 참고자료가 될 것은 분명합니다.

이처럼 문서만 클릭하면 정부가 바뀌고 세월이 지나도 '누가 처음 정책을 입안했는지, 의사결정 과정에서 간부들이 어떤 의견을 제시했고 관련부처 이해 관계자들과는 어떤 협의를 거쳤는지 등' 정책의 검증과 결정과정을 알 수 있기 때문에 자연적으로 정책실명제의 기틀이 됩니다. 이 같은 과정이 기록된 문서관리카드는 유사 사건의 참고자료, 감사와 감독의 근거자료로서 재활용이 가능하기도 합니다. 그런 면에서 문서관리카드는 일종의 정책 일대기를 담고 있는 것입니다. 정책 보고서의 작성, 유통, 활용, 저장 등 일련의 과정이 그대로 문서관리카드 한 장에 담겨있기 때문입니다.

그렇기에 오랜 관료주의에 젖은 사람들은 '정책실패가 있을 경우 나중에 감사를 피해나가기 어렵다' 고 걱정했었습니다. 맞는 말입니다. 그러나 그런 걱정 이전에 자신의 판단과 결정에 대해 책임 있게 성의 있는 접근을 해야 하고, 그 결과에 대해서는 책임을 지는 것이 공직사회의 일하는 문화로 자리 잡게 만들어 나가야 합니다. 결국 문서관리카드에 의한 문서관리 표준화는 행정의 질을 높이고 책임행정을 구현하는 촉매가 될 것이라고 확신합니다.

110

# 〈그림 15〉 문서관리카드 경로부에서 활발한 토론이 벌어진 사례

**● 경로부**　　　　　　　　　　　　　　　　　　　　　　　**■ 전체경로보기**

| 경로 | 요청상태 | 내용 | 처리결과 | 본문 |
|---|---|---|---|---|
| 과장<br>조○○ | | | 보고<br>2006.07.24 | 1.0 |
| [참조] 오○○, 정○○, 남○○, 이○○, 최○○ | | | | |
| 위원장<br>송○○ | 참고자료입니다 | 별첨 부분을 본문에 같이 붙이고 보고서 원문을 첨부하는 것이 나을 듯함. 검토하고 난위 의견을 들읍시다. | 반환<br>2006.07.25 | (1.0) |
| 과장<br>조○○ | 반환 | 본문으로 별첨자료를 합치고, 별첨에 원문 연구보고서를 첨부하여 보고드립니다. | 보고<br>2006.07.25 | 2.0 |
| 위원장<br>송○○ | 참고자료입니다 | 사회적 지표를 적절히 반영하여야 보다 균형잡힌 국가경쟁력 모델이 되리라는 것은 분명한 것 같습니다. 그러나 처음 예상했던 바와 같이 사회적 지표들은 계량화가 용이하지 않다는 점이 가장 문제가 되는 점입니다. 본 연구 결과는 연구진이 지금 사용할수 있는 사회지표들을 채용한 모델입니다. 완벽하지는 않으나 이 후 개선을 위한 시도들을 촉발시켜서 멀지 않은 시일내에 균형잡힌 국가경쟁력 모델을 만들어 내리라고 예상합니다. | 보고<br>2006.07.25 | (2.0) |
| 사회정책수석<br>김○○ | 협조 | (정책기획위원장님께)<br>○ 수고가 많으셨습니다. 개념을 재정의해 주시고 자료도 풍부하게 정리해 주셔서 좋은 참고자료가 되겠습니다. 그러나 한두가지 논리를 보충해 주셨으면 좋겠습니다.<br> 1) 국가경쟁력이 기업경쟁력과 같지 않다는 점은 동의합니다. 그러나, 사회통합 등의 사회지표가 좋아지면 왜 국가 경쟁력이 높아지는지요? 이들이 '좋은 사회'의 지표인 것은 분명하지만, 강한 '국가경쟁력'을 담보하는 지표이기도 할까요?<br> 2) 보고서에 선정된 지표들이 '국가 경쟁력'을 높이는 지표를 선정된 기준은 무엇인지요? 이들이 일반적인 사회지표들의 단순한 취합인지, 아니면 '경쟁력'을 높이는 데 기여를 하는 지표들인지가 분명합니다.<br>○ 어려운 질문이지만 보고서의 취지가 '국가경쟁력 개념'에 대한 것이기 때문에 보충이 필요하다고 생각합니다. 죄송합니다. | 반대<br>2006.07.25 | (2.0) |
| 과장<br>조○○ | 반대 | 사회수석님 의견에 대하여 3가지 관점에서 연구진들과 재검토를 하여 보고를 드립니다.<br>첫째, 사회지표와 국가경쟁력과의 관계<br>둘째, 국가경쟁력 사회지표의 선정의 기준 및 타당성<br>셋째, 현 상황에서의 연구의 한계 및 극복과제<br>[검색어] 국가경쟁력, 사회지표<br>🔗 [의견첨부] 060808-정기위-국가경쟁력과 사회지표와의 관계(별첨3).hwp [34K] | 보고<br>2006.08.08 | (2.0) |
| 위원장<br>송○○ | 참고자료입니다 | 사회수석님께서 지적하신 점들은 연구진도 고민하였던 것들입니다. 다시 한번 연구들에서 이 점들을 따져 보게 했고 그 결과는 〈별첨 3〉으로 정리되어 있습니다. 역시 완벽하지 않고 허점이 보입니다. 그러나 이 보고 이후에도 관심을 가진 사람들이 지속적으로 논의하고 개선해 나가면 꽤 편찮은 작품이 될 것으로 기대됩니다. | 보고<br>2006.08.10 | (2.0) |
| 사회정책수석<br>김○○ | 협조 | (정책기획위원장님께)<br>- 수고하셨습니다. 어려운 부탁을 드려 죄송합니다. 앞으로 좀더 같이 연구해 보도록 하면 좋겠습니다.<br><br>(정책실장님께)<br>- 지표들 간의 유기적인 관계가 규명되어야 하는데 이는 시간이 많이 필요할 것 같습니다. 우선 현 상태로 제출하도록 동의합니다. | 동의<br>2006.08.10 | (2.0) |
| [참조] 윤○○, 차○○, 정○○, 김○○, 윤○○, 김○○, 강○○, 김○○, 이○○ | | | | |
| 정책실장<br>변○○ | 참고자료입니다 | 1. 동 연구는 기존의 기업 경쟁력 중심의 '국가 경쟁력' 개념이 국민생활의 질을 담보하지 않는다는 인식하에 사회지표(사회통합, 노사관계, 양성평등, 사회복지) 중심의 새로운 국가경쟁력 개념과 분석모형을 제시하고 있습니다. 연구가 쉽지 않고 연구진들의 고민도 많았을 주제인데 사회적 자본(social capital)에 초점을 두고 국가 경쟁력을 새롭게 개념화하려는 첫 시도로서 금번 연구작업의 의의가 있다고 보여집니다.<br><br>2. 그러나 새로운 개념화 작업에 대한 다음 몇가지 지적에 대해서는 논리보강이나 추가연구가 필요할 것으로 판단됩니다.<br>① '진정한 의미의 국가 경쟁력'이 전방위적 역량의 균형잡힌 성숙과 발전 정도를 나타내는 개념으로 보이면 사회지표 중심의 국가 경쟁력 개념화가 또다른 한쪽으로 치우친 개념화가 아닌가 하는 지적 (결국 사회적 자본도 국가경쟁력 구성요소의 하나라는 지적)<br><br>② 국가경쟁력 사회지표 선정기준(3가지)의 하나로 '국제비교'를 통해 한국의 국제적 위상을 파악, 전략적 취약부문을 도출할 수 있는 지표로 설정하고 4가지 사회지표(사회통합, 노사관계, 양성평등, 사회복지)가 이에 부합한다고 하고 있으나 한국의 전략적 취약부문 지표(대부분 하위권)만으로 구성된 국가 경쟁력 개념이 대표성과 보편성을 지닐 수 있는 지 여부 | 보고<br>2006.08.11 | (2.0) |
| 대통령 | 업무보고입니다 | 수고가 많습니다.<br>학문적인 연구의 가치는 있을 것으로 보입니다만, 정책과제로 추진하기는 어려울 것 같습니다. 대통령의 지시사항으로는 이 정도에서 종료하시길 바랍니다.<br>당초 지시 의도는, IMD, WEF 등의 보고서에 사회적 지표들이 많이 포함되어 있고, 비전 2030에서도 사회적 자본이라는 개념이 등장하였으며, 해밀턴 보고서에도 사회적 안정이 지속 가능한 성장의 요소라는 개념이 있어서, 사회적 지표와 국가경쟁력에 미치는 영향을 과학적으로 증명하는 일이 의미가 있겠다는 생각을 했던 것입니다. 정부가 감당하기에는 너무 벅찬 과제인 듯 합니다. 이 이상의 연구는 학문적 영역으로 넘기는 것이 좋을 것 같습니다. | 열람<br>[확인]<br>2006.08.12 | (2.0) |
| [참조] 이○○, 이○○, 송○○, 변○○, 조○○, 윤○○, 김○○, 김○○ | | | | |
| 과장<br>조○○ | 확인 | | 종료<br>2006.08.17 | (2.0) |

이지원, 대통령의 일하는 방식 111

**민대표:**

문서관리카드의 경로부에서 토론이 벌어진 사례에 대한 설명을 들으니, 정말로 비교적 짧은 시간 내에 청와대의 일하는 방식은 혁신적으로 바뀐 것 같네요. 보통 일하는 방식 또는 문화의 혁신은 최소 5년 이상 걸린다는 연구들이 있는 것을 보면 변화관리 노력이 대단했던 것 같습니다. 문서관리카드에 의한 문서관리 표준화 이외에 보고서 자체의 품질을 높이는 노력도 필요했을 것 같은데요. 이에 대해서도 설명해 주세요.

**강박사:**

우선 '보고서 품질이 완벽하다면 문서관리카드가 필요 없을 것인가?' 이렇게 질문을 하고 싶습니다. 보고서 품질 완벽성 기준에 대한 이견들도 많을 것이나, 적어도 문서관리카드의 속성들이 잘 반영되어 있는 보고서는 완벽하지는 않을지라도 의사결정에 도움이 되는 좋은 보고서일 것입니다. 저는 문서관리카드를 만든 사람이기 때문에 이런 편견을 가질 수도 있을 것입니다만, 문서 보고의 목적이 무엇인지 생각해 본다면 대부분 동의할 것이라고 생각합니다. 물론 문서관리카드 자체도 계속 보완, 발전시켜 나가야 함은 분명합니다. 질문하신 보고서 품질에 대해서는 참여정부 청와대에 근무하는 사람들이 자발적으로 학습동아리를 만들어서 토론하였으며, 그 결과를 『대통령 보고서』[15]라는 책으로 내기도 했습니다.

대통령 보고서 품질에 대한 가장 핵심적인 문제의식은 보고서를 보면 볼수록 궁금한 것이 생긴다는 것입니다. 때로는 연구결과 보고서 같은 느낌을 줄 만큼 내용이 너무 많고, 사례와 대안이 혼합되어 있어서 초점이 분산되어 의사결정자의 시간을 너무 빼앗는 경우도 있습니다. 대부분의 정책보고서에는 해당 정책에 대한 내력도 없고, 그 정책을 채택하면 어떤 효과가 있는지, 어느 정도의 자원과 사람이 이 정책의 대상인지도 알 수 없고, 이 정책을 시행하면 어떤 변화가 생기는지도 예측할 수 없는 것이 일반적입니다. 특히 서면보고로 의사결정을 요구할 때에는 추진경과에 논의 일정만 간략히 기록할 것이 아니라, 논의 과정에서 어떤 쟁점이 있었고, 그 쟁점이 어떻게 조정되었는지를 소상히 기록해 주어야 의사결정자가 추가적인 질문 없이 결정할 수 있을 것입니다.

# 문서관리 표준화에 대한 대통령 말씀

청와대에서 각 부처의 자료를 바로 찾아보기 위해서는 몇 가지 포맷에서는 통일시켜야 될 것입니다. 파일의 포맷을 통일시키고, 그 다음에 파일이 형성되어 가는 과정을 통일시켜야 하며, 그 파일을 분류하는 방법을 통일시켜야 됩니다. 왜냐하면, 가급적이면 개념이 통일되어야 말이 통하기 쉽잖아요. 그렇게 해서 대통령, 장관, 국장, 과장, 일반 직원, 나아가 국민까지 다 유사한 개념을 가지고 있어야 되는 것입니다.

*출처: 디지털청와대 추진 회의(2003. 7)

내가 바라는 것은 과장이 만든 문서를 국장이 약간의 가필을 해서 장관에게 바로 올리고, 그것이 그대로 대통령에게까지 바로 올라오면 어떨까 싶습니다. 이렇게 하면 첫째는 문서 재작성을 최대한 줄이니까 두 번, 세 번 일하지 않아서 일을 약간이라도 줄일 수 있다는 것이고, 둘째는 국장의 추가의견, 장관의 추가의견 등이 간단하게라도 표현이 되어 있으면 의사결정 과정에 대해 아주 생생하게 이해할 수 있을 것입니다. 우리는 의사결정 단계가 아주 많으므로 이것을 줄여야 하는

데, 문서유통 과정을 관리해 보면 업무의 종류에 따라서 생략될 경로들이 많이 나올 수 있고 이를 토대로 나중에는 유형화 할 수도 있을 것입니다.

*출처: 문서관리카드 토론회(2004. 6)

# 보고서 품질향상 학습동아리 토론결과

보고서 품질을 높이기 위해서는 대통령 등 최종의사결정자가 어떻게 활용할 것인가에 대한 문제의식을 가지고 작성해야 한다. 보고서를 만들게 된 목적과 그 과정에 대한 자세한 설명, 과정에서 나왔던 대안들에 대한 설명 등이 있어야 한다. 이런 취지로 보고서 작성의 일반원칙을 다음과 같이 다섯 가지로 정리하였다.

(1) 보고서는 그 자체로서 완결성을 가져서, 다시 추가적인 질문사항이 없도록 해야 한다.

(2) 보고서는 읽는 사람의 시간을 아껴줄 수 있도록 효율적으로 써야 한다.

(3) 작성자의 선입견을 배제하고, 의사결정자의 정확한 판단에 도움이 되도록 작성해야 한다.

(4) 보고서를 읽는 사람이 무엇을 어떻게 해 주기를 바라는지 그 목적을 명확히 해야 한다.

(5) '누가, 언제, 어디서, 무엇을, 어떻게, 왜'의 기본적인 보고서 형식을 준수해야 한다.

*출처: 『대통령 보고서(2007)』 조미나 외 보고서품질향상동아리

## 일의 기본 ❸
# 나의 일을 잘 분류한다

| PDCA 사이클 | Plan(Ideation) | Do | Check | Act |
|---|---|---|---|---|
| 이지원 일하는 방식의 기본 | (1) 꼼꼼하게 기록한다 | (2) 문서관리의 표준을 지킨다 | **(3) 나의 일을 잘 분류한다**<br>(4) 왜 일을 하는지 파악한다 | (5) 나의 일을 정리정돈한다<br>(6) 기록관리는 의무다 |

**민대표:**

우리가 일을 하다 보면 필요한 정보도 찾고 문서도 만들어 컴퓨터에 저장해 두지만 필요할 때 찾으려고 하면 나 자신도 찾기 어려울 때가 많습니다. 해서 기록한 것들이 자동적으로 일목요연하게 정리되고, 검색도 쉽다면 얼마나 좋을까 하는 생각을 많이 했었는데요. 이지원으로 일을 하다 보면 기록이 더 많았을 텐데 이런 문제들을 어떻게 해결했는지 궁금합니다.

**강박사:**

아무리 꼼꼼하게 기록을 잘 해 놓아도 그것들을 필요한 시점에 쉽게 찾아서 재활용하거나, 다른 사람에게 전달하여 더 고민하게 만들지 못한다면 무슨 의미가 있겠습니까. 그래서 이지원의 일하는 기본(3)은

'나의 일을 잘 분류한다' 입니다. 기록을 꼼꼼하게 잘 하는 이유는 바로 그 기록들을 필요시에 재활용하고 다른 사람들과 쉽게 공유하는 데 있습니다.

이지원에서는 우선 각자의 일을 단위과제로 정의하고, 자기 소속 부서의 '기능별 업무분류체계'와 '목표별 과제관리체계' 두 곳에 각각 연계하도록 했습니다. 〈그림 16〉에 보는 것이 이지원 과제분류체계의 개념입니다. 여기서 가장 중요한 것은 내가 하고 있는 일을 단위과제로 정의하고, 모든 기록을 만들 때 단위과제를 선택하여 자동으로 해당 단위과제 철에 쌓이도록 하는 것입니다.

#### 〈그림 16〉 단위과제와 과제분류체계의 개념

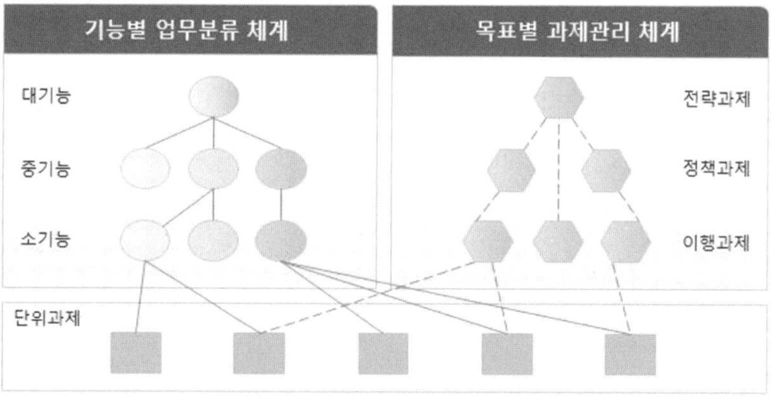

활용 시에는 검색을 활용해서 찾는 방법이 있고, 위의 두 개 과제분류체계를 활용해서 지도처럼 찾아가면서 활용하는 방법도 있습니다.

**민대표:**

복잡해 보이긴 하지만 내가 하는 일의 결과물이 어디로 가야 하는지 체계적으로 미리 만들어 놓았다는 것이 자동차 내비게이션과 같은 역할을 하는 느낌이 듭니다. 내가 하는 일의 위치가 잘 파악되는 장점은 분명히 있겠지만, 꼭 이렇게 구분해야만 하는지는 잘 납득이 안 됩니다. 그리고 가장 먼저 드는 생각이 '내가 하는 일은 도대체 몇 개의 단위과제로 분류해야 할까?' 인데요. 과제분류의 기준이 있었는지 궁금합니다.

**강박사:**

노무현 대통령이 드신 예를 먼저 소개하겠습니다. "업무마다 프로세스가 다르지만 유사한 것을 분류하고 정리하는 노력이 필요합니다. 예컨대, 신발 목형이 잘 정리되어 있을수록 고객에게 딱 맞는 구두를 만들 수 있습니다. 어느 기업은 30만 개의 고객 샘플을 수집해서 몇 백 개의 유형으로 분류한 후 고객 발에 맞는 골 형을 만들어 놓으니까 어떤 고객이 오더라도 쉽게 맞춤구두를 만들 수 있다고 합니다. 업무의 분류기준은 실용성이 우선입니다. 업무를 빨리 파악하고, 체계적 관리를 위해서 유형별로 정리되어 있어야 합니다." [16]

업무가 가장 효과적으로 관리될 수 있는 단위를 정해야 합니다. 매일 또는 월마다 반복되는 일은 다 묶어서 하나의 과제로 만들거나 어떤 것은 가지를 쳐서 한 과제 밑에 또 다른 과제가 생길 수도 있는데 이런 것들을 어떻게 잘라서 단위과제로 만들고 효과적으로 관리할 것인가가 중요합니다. 과제를 너무 많이 나누면 통합성이 떨어지고, 너무 통합하면 실적관리에 혼선이 발생할 것입니다. 동일한 과제더라도 실적의 내용이 달라지면 별도로 관리해야 합니다.

보통 과제를 하나의 단위로 분리했을 때는 그 안에서 효율적으로 관리하는 아이디어도 넣고, 매일 매일의 관리일지도 넣고, 사후관리 방안도 넣고 하는 것인데, 과제를 너무 잘게 분리해 놓으면 내용을 채우기가 어려울 것입니다. 또 다른 기준은 일이 진행되는 과정을 보았을 때 어느 시기가 되면 완결하고 평가할 수 있는 정도가 적당한 단위과제이며, 무조건 끝까지 이어지는 업무는 기간으로 나누어 줄 수도 있습니다.

**민대표:**

들고 보니 내가 하는 일을 몇 개의 단위과제로 분류하는 일 자체는 한 번에 끝낼 수 없을 것 같습니다. 특히 일을 나 혼자 하는 경우도 있지만 다른 사람들과 공동으로 하는 경우도 있고, 처음 단위과제를 분류할 때의 생각과 나중에 일을 추진하면서 생각 자체가 바뀌는 사례도 있을 것 같습니다. 그래서 지속적으로 과제분류에 대해 고민하고 수정, 보완하는 과정이 필요할 것 같은데요. 이지원에서 이런 것들은 어떻게 관리되었는지 궁금합니다.

**강박사:**

분류는 예술이라고 생각합니다. 일단 부서별로 토론과 합의를 거쳐 단위과제를 설정하고 업무를 수행하면서 보완했는데요. 시행착오를 거치면서 더 아름다워지듯이 과제분류도 토론과 합의를 통해 지속적으로 수정, 보완해 나가야 합니다. 그 과정을 통해 내가 해야 하는 일이 보다 명확해지고, 불필요한 일은 없애고, 새롭게 해야 할 일도 능동적으로 찾게 될 것이라고 생각합니다. 과제의 변경이 있을 경우 시스템적으로는 과제의 이력관리도 될 수 있어야 할 것입니다. 또 이전 과제에 있던 실적들이 새롭게 정의된 과제로 적절히 이관되도록 해야 합니다. 과제의 변경도 적절한 시기에 정해진 프로세스에 따라서 이루어져야 하는 이유이기도 합니다. 예외적인 경우도 있겠지만 정기적으로는 과제 실적평가와 연계해서 과제분류 자체를 점검하고 변경하는 것이 바람직할 것입니다.

여기서 지식경영의 대가이신 다산 선생의 말씀을 하나 소개하고 싶습니다. 다산은 "복잡한 문제 앞에 기죽을 것 없다. 정보를 정돈해서 정보가 제 스스로 말하게 하라. 효율적으로 정보를 장악할 수 있는 아킬레스건을 잡아라. 먼저 모으고, 그 다음에 나눠라. 그런 뒤에 그룹별로 엮어 다시 하나로 묶어라. 공부는 복잡한 것을 갈래지어 단순하게 만드는 일이다. 갈팡질팡하지 말고 갈피를 잡아야 한다. 교통정리를 잘하는 사람이 공부 잘하는 사람이다. 서랍정리를 잘하는 사람이 공부 잘하는 사람이다."[17]라고 하셨는데요. 일의 기본(3) '나의 일을 잘 분류한다'와 일맥상통한다고 생각합니다.

**민대표:**

분류에 대해 보다 구체적으로 질문해 보겠습니다. 내가 하는 일을 단위과제로 정의하기 위해 분류하면 크게 일상반복 업무와 프로젝트 업무 두 가지로 나뉠 것 같은데요. 이지원에서는 이런 것들을 어떻게 나누고 관리했는지 궁금합니다.

**강박사:**

참여정부 청와대 업무분류에서 프로젝트 업무는 시작과 끝이 있고 주로 기획을 위한 업무가 많은데, 일단 기획이 끝나고 나면 일상반복 업무로 전환, 관리되는 경우도 있습니다. 이렇게 업무의 유형도 시간에 따라 변할 수 있다는 점도 명심해야 합니다. 〈그림 17〉에서 보듯이 프로젝트 업무도 기획의 유형에 따라 직접 주관하는 업무도 있고, 조정하는 업무가 있는가 하면, 다른 부서와 협의하거나 지원하는 업무도 있고, 내용을 전달하거나 점검하는 업무도 있습니다.

이렇게 업무의 유형을 정확하게 구분할 줄 알아야 자기 업무의 한계를 설정할 수 있고 책임지고 자기 업무를 관리해 나아갈 수 있습니다. 그래서 업무명을 어떻게 표현하는가가 중요합니다. 예를 들어, 대통령비서실은 정책판단 보좌기능을 수행하는 곳이지 집행하는 곳은 아닙니다. 업무성격을 분명히 하고 그에 맞게 업무명을 수정해야 합니다. 이런 것들도 과제의 제목을 정할 때 분명히 하는 것이 중요할 것입니다. 한편 다른 부서와 업무가 중복 또는 연관될 경우 분석해 보면 중복이 아니라 각기 업무가 횡적으로 종적으로 다르다는 점을 알 수 있게 되는 것입니다.

## 〈그림 17〉 업무유형의 구분: 일상반복 업무와 프로젝트 업무

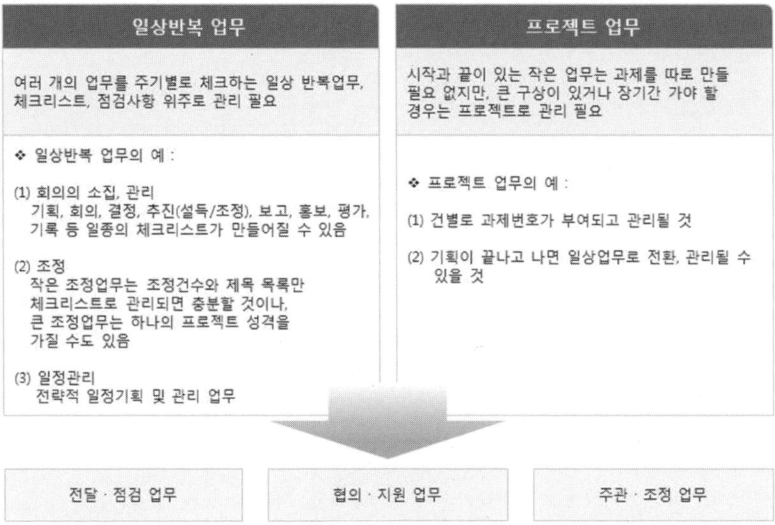

| 일상반복 업무 | 프로젝트 업무 |
|---|---|
| 여러 개의 업무를 주기별로 체크하는 일상 반복업무, 체크리스트, 점검사항 위주로 관리 필요 | 시작과 끝이 있는 작은 업무는 과제를 따로 만들 필요 없지만, 큰 구상이 있거나 장기간 가야 할 경우는 프로젝트로 관리 필요 |

❖ 일상반복 업무의 예:

(1) 회의의 소집, 관리
   기획, 회의, 결정, 추진(설득/조정), 보고, 홍보, 평가, 기록 등 일종의 체크리스트가 만들어질 수 있음

(2) 조정
   작은 조정업무는 조정건수와 제목 목록만 체크리스트로 관리되면 충분할 것이나, 큰 조정업무는 하나의 프로젝트 성격을 가질 수도 있음

(3) 일정관리
   전략적 일정기획 및 관리 업무

❖ 프로젝트 업무의 예:

(1) 건별로 과제번호가 부여되고 관리될 것

(2) 기획이 끝나고 나면 일상업무로 전환, 관리될 수 있을 것

| 전달·점검 업무 | 협의·지원 업무 | 주관·조정 업무 |
|---|---|---|

또한 업무 프로세스가 진전되어 가는 과정을 분석해 보면 어느 단계에서는 독자적인 업무이고, 어느 단계에 가면 협력을 받는 단계이고… 발전단계에 따라 업무 유형이 변화하는 경우도 있습니다. 참 어렵죠? 과제를 잘 분류한다는 것은 함께 일하면서 고민하고 토론하는 과정이 절대적으로 필요합니다. 그래야 일의 품질을 제대로 높일 수 있다고 생각합니다. 복잡하고 힘든 일이지만 이지원에서 과제분류체계를 강조한 이유가 바로 여기에 있습니다.

**민대표:**

내가 하는 일을 단위과제로 정의하고 분류할 때 업무의 성격에 대한 고민을 많이 해야 한다는 것을 이제 알겠습니다. 사실 대부분은 자기가 하는 일이 무엇인지를 명확히 알고 있는 경우가 드물다고 생각합니다. 일단 단위과제가 정의되면 이들을 '기능별 업무분류체계'와 '목표별 과제관리체계' 두 곳에 각각 연결해야 한다고 했는데, 두 가지 과제체계에 대해 설명해 주십시오.

**강박사:**

업무분류에는 기능에 의한 분류와 목표에 의한 분류가 있습니다. '기능별 업무분류체계'에 있는 대기능-중기능-소기능 등은 실제로 일하는 데는 크게 중요하지 않습니다. 그러나 '무슨 일을 합니까?' 라고 누가 물을 때, 즉 조직 속에서 내가 무슨 일을 해야 하는가를 파악할 때 좋은 참고자료가 될 수 있습니다. 또 '이 업무를 처리하는 데 소요된 시간이나 경비가 얼마나 들었는가?' 등 업무를 분석할 때도 필요할 것입니다.

'목표별 과제관리체계'는 업무를 세분화해서 분류해 놓고, 왜 이런 업무가 있는지 업무마다 목표를 설정하는 것입니다. 목표로 과제를 분류하면 업무를 아주 일목요연하게 파악할 수 있는 장점이 있습니다. 이렇게 하면 이 업무는 왜 필요한지, 폐기할 업무와 신설할 업무, 변경할 업무는 무엇인지에 대한 답을 얻을 수 있을 것입니다.

왜 두 가지 분류체계가 필요한 것인가? 누구나 일할 때 자주 쓰는 분류는 목표별 과제관리가 되고, 내부적으로 업무체계를 관리해야 할 때는 기능별 분류로 빠짐없이 다 관리해야 하기 때문입니다. 〈그림 18〉에서 보듯이 일상 반복되는 업무는 대부분 기능별 분류만 있고 목표별 분류에는 안 들어갑니다. 그러나 이러한 업무도 중요하므로 기능적으로 과제를 분류하고, 그중 일부가 상위로 묶어지면 목표를 지향하게 되고 이것이 목표별 과제관리체계가 되는 것입니다. 이렇게 기능별 업무분류와 목표별 과제분류를 함께 진행하여 개인별로 정의한 단위 과제에서 서로 만나게 되는 것입니다.

**〈그림 18〉 기능별 업무분류체계와 목표별 과제관리체계**

| | 기능별 업무분류체계 | 목표별 과제관리체계 |
|---|---|---|
| 성격 | 관리지향적 | 고객지향적 |
| 기한 | 항상적(恒常的) | 한시적(限時的) |
| 범위 | 비서실 업무 100% 포괄 | 과제 할당부서 업무만 포괄 |
| 용도 | 업무관리, 매뉴얼 작성 등 | 성과관리, 대국민 홍보 등 |

**민대표:**

이지원의 일하는 기본(3) '나의 일을 잘 분류한다'에 대해 지금까지 설명한 것을 요약해 보겠습니다. 핵심은 1단계로 내가 하는 일을 분류하여 단위과제로 정의하고, 2단계로는 단위과제를 조직 전체 관점에서 만들어진 기능별 업무분류체계와 목표별 과제관리체계에 있는 과제들과 연결하는 것입니다. 단위과제는 개별적으로 관리하는 문서철 형태와 유사하고, 기록할 때마다 정의한 단위과제 중에서 하나 이상을 선택하면 자동적으로 내가 한 기록이 해당 단위과제 철에 쌓이게됩니다. 이렇게 단위과제를 잘 분류하고 꼼꼼하게 기록하면, 자동적으로 연결된 조직차원의 과제분류체계에서도 내가 기록한 것들을 확인할 수 있게 됩니다. 일을 하는 개인의 입장에서는 아주 간단히 생각하면 나의 일을 몇 개의 단위과제로 정의하고, 무엇이든 기록으로 남길 때 단위과제를 선택만 하면 기록한 것들이 과제분류체계 안에 자동적으로 저장되어서 언제든 필요할 때 손쉽게 찾아 볼 수 있게 된다는 것입니다.

# 단위과제카드 관리의 딜레마 :
# 카드를 나눌 것인가, 통합할 것인가?

카드를 관리하는 데 있어서 카드를 너무 많이 나누면 통합성이 떨어지고, 너무 통합하면 실적관리에 혼선이 발생할 수 있다는 의견이 제시되었다. 카드를 몇 개로 관리할 것인지는 이후에도 개발팀이 풀어야 할 난제 가운데 하나로, 카드의 수가 증가했다가 감소하거나 그 반대의 경우를 반복하는 과정이 되풀이 되었다.

예를 들면, 경제정책비서관실(과거 정책기획비서관실)의 경우 2003년 하반기에는 74개(이 중 지시업무카드가 54개)의 단위과제카드를 관리했다. 지시사항 하나하나마다 별도의 단위과제카드를 만들었고, 각자 개인 카드로 가지고 싶어하다보니 카드 숫자가 너무 많아졌던 것이다.

이렇게 카드의 숫자가 많아지면 업무의 통합성이 너무 떨어진다고 생각한 개발팀은 개인카드는 만들지 못하게 하고, 대신 카드간에 관계를 만들어서 모(母)카드로 업무를 추진하다가 새로운 일이 파생되면 자(子)카드 또는 손(孫)카드로 만들어서 관리하도록 유도했다. 그 결과 2004년 상반기에는 카드가 다시 17개(자카드와 손카드까지 합치면 48개)로 줄게 되었다.

그런데 이렇게 카드가 너무 통합되다 보니 실적관리가 어렵다는 지적이 나왔다. 업무를 좀 더 구체화 시키자는 의견도 나왔다. 그래서 모·자·손 카드까지의 3단계 구조는 너무 복잡하므로, 손카드를 없애고 모·자의 2단계로 관리하자는 방안이 등장했다. 당시 '사회갈등 조정관리' 라는 업무명을 가진 카드가 있었는데, 언뜻 보면 무슨 일인지 업무가 구체적으로 나타나 있지 않다. 3단계 카드 관리의 맹점이었던 것이다. 그래서 업무명만 보고도 일의 성격을 명확하게 드러낼 수 있도록 했다. '사회갈등 조정관리' 대신 '새만금사업 추진점검' 이라는 업무명으로 관리한 것이 그 예라고 할 수 있다.

이렇게 모·자 구조로 단순화해서 관리하기 시작한 2004년 하반기에는 카드의 수가 41개 (자카드까지 합치면 53개)로 다시 늘어났다. 그러던 것이 2005년 상반기에는 다시 32개(자카드까지 합치면 44개)로 줄었다. 일반적인 점검은 '경제정책 상황점검' 과 같이 묶어서 표현하고, 구체적인 사안으로 발전한 일은 'FTA 추진상황점검' 처럼 사업명을 구체화시켜 표현하도록 한 것이다.

이처럼 카드가 늘었다 줄었다 한 것은 그때까지 업무단위 설정에 대한 명확한 개념이 정립되지 않았기 때문이다. 과제관리시스템 개발 기간 내내 개발팀을 괴롭혔던 이 문제는 2004년 11월 업무분류체계가 정립되면서 어느 정도 해결되었다.

그러나 2006년 2월 현재 시점에서도 완전한 수준은 아니며 업무단위를 어떻게 나눌 것인가의 문제는 일을 하면서 계속 고민해야 할 사항이다.

한편, 대통령은 단위업무와 과제를 분리하지 않도록 하라는 지적과 함께 그동안 혼동해서 사용해온 업무와 과제의 개념도 뚜렷하게 구분해야 한다는 의견을 제시했다. 이 의견은 '문서관리 + 과제관리 = 업무관리' 라는 개념으로 다시 한 번 정의되었으며, 단위업무의 명칭이 단위과제로 바뀌는 계기가 되었다.

또한 단위과제는 파일(일지)을 공유하는 단위로 파일철과 같은 기능을 하며, 보고서의 묶음 단위로서 정책의 전체 흐름을 파악할 수 있어야 한다는 지시도 있었다. 즉, 카드에 과제의 내용과 과제의 이력, 추진상황, 관계기관 리스트, 관련 법규, 관련 자료 등이 망라되어, 카드를 정리하면 그 자체로 추진경과가 된다.

*출처: 『청와대 업무관리시스템 이지원 개발백서(2006)』中

# 각종 분류법에 대한 정의

분류란 여러 가지가 뒤섞여 있는 것들을 종류가 같은 것끼리 모아서 나누는 것을 의미한다. 예를 들면 동물 전체를 놓고 보는 것보다 조류, 포유류, 양서류, 파충류처럼 같은 종류끼리 묶어서 살펴보면 훨씬 이해하기 쉽다. 그냥 보면 막연해 보이던 것이 분류를 하면 분명하게 보이고, 전체를 빠짐없이 살펴볼 수 있으며, 자세히 차근차근 설명할 수도 있고, 순서를 정해서 설명할 수도 있는 장점이 있다. 우리가 생활하면서 보고, 듣고, 겪게 되는 여러 가지 경험이나 지식을 필요에 따라 잘 분류한다면 복잡한 상황도 조리 있게 설명하고 쉽게 문제를 해결할 수도 있을 것이다.

일반적으로 분류의 기초를 이루는 것은 문제되는 각 대상의 본질적 특징인데, 분류에는 자연적(Natural) 분류와 인위적(Artificial) 분류가 있다. 전자는 각 대상의 본질적 특징의 유사점과 차이점에 기초를 두게 되며, 후자는 대상 사이에 어떤 일정한 질서를 세우는 것을 목적으로 그것에 필요한 특징을 가지고 하게 되는데, 따라서 그 특징이란 그 대상이 가진 본질적 특징은 아닌 것이다. 분류는 절대적인 것이 아니라 지식의 진보에 따라 변하는 것이다.

(1)**도서분류법**은 책의 효율적 이용을 돕기 위하여 이루어지는 분류방법이다. 그것은 책에 다루어진 주제 또는 형식에 따라 동일한 것을 함께 모으고, 유사한 것을 접근시켜 체계 있게 조직함으로써 이루어진다. 책에 다루어진 내용과 형식을 파악한 다음, 지식의 이론적 분류를 실용적인 관점에 의거, 조정하여 체계 있게 엮어 놓은 분류표에서 그 주제 또는 형식과 일치하거나 유사한 항목을 찾아 그에 따라 기호화하여 조직하는 방법이며, 도서관의 기본업무 중 하나이다.

한국에서는 KDC[18]가 많이 채용되고 있다. KDC는 지식의 모든 분야를 우선 1에서 9까지로 분류하고, 그 어디에도 수록하기 어려운 백과사전·연감 등 전반적인 도서를 0[총류, 總類]으로 하여 제일 앞에 둔다. 이 0에서 9까지의 주류(主類:Main Class)라는 제1차 구분을 각각 0과 1에서 9까지 나누어 강목(綱目:Division)이라는 제2차 구분을 한다. 이와 같은 구분을 되풀이하면서 차례로 세분하여 나간다. 그런데 동일 분류기호 속에는 도서의 수령순(受領順), 저자명(著者名)의 순 또는 간행년도순 등 갖가지 방법으로 순서를 정하는데, 이것을 도서기호라고 한다.

(2)**예산의 분류** 방법은 나라와 시대에 따라 다르며, 세입예산과 세출예산의 분류 방법 또한 각기 다르다. 예산을 분류하는 목적은 ① 사업계획의 수립과 예산 심의의 능률화, ② 예산집행의 효율화, ③ 회계책임의 명확화, ④ 경제분석의 촉진이라고 할 수 있다. 이러한 분류 목적을 달성하기 위한 분류 방법으로는 ① 경제성질별 분류, ② 기능별

분류, ③ 사업계획별 분류, ④ 활동별 분류, ⑤ 조직별 분류, ⑥ 품목별 분류 등이 있다. 이러한 예산 분류는 예산 과목과 불가분의 관계에 있다. 우리나라 국가재정법은 세입예산의 경우 조직별로 분류한 다음 성질별로 관·항으로 구분하고, 세출예산은 조직별로 분류한 다음 기능별, 성질별, 또는 기관별로 장·관·항으로 구분한다고 규정하고 있다.

(3)기록 분류와 관련하여 ISO 15489는 다음 3가지 원칙을 강조하고 있다. 첫째, 업무 활동에 기반한 분류 체계를 사용하여 기록관리를 위한 틀을 제공해야 한다. 둘째, 분류 체계는 기록 처분 지침 결정이나 접근 권한 확인과 같은 다양한 기록관리 과정을 지원해야 한다. 셋째, 적합한 어휘 통제를 사용해 제목 작성과 기술(Description)을 지원해야 한다. 비현용 기록의 분류는 보통 '정리(Arrangement)'라고 부르는데, 현대의 기록 분류가 기록이 실제 생산되기 이전에 이루어지는 사전적이며 선험적인 과정이라 한다면, 정리는 생산된 기록을 대상으로 하는 사후적이며 경험적인 과정이라고 말할 수 있다.

*출처: 네이버 지식백과

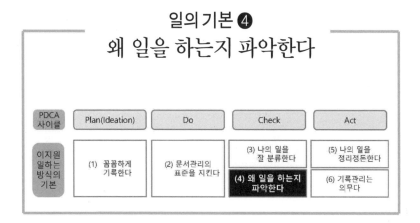

# 일의 기본 ④
## 왜 일을 하는지 파악한다

| PDCA 사이클 | Plan(Ideation) | Do | Check | Act |
|---|---|---|---|---|
| 이지원 일하는 방식의 기본 | (1) 꼼꼼하게 기록한다 | (2) 문서관리의 표준을 지킨다 | (3) 나의 일을 잘 분류한다 <br> **(4) 왜 일을 하는지 파악한다** | (5) 나의 일을 정리정돈한다 <br> (6) 기록관리는 의무다 |

**민대표:**

일반적으로 사람들이 일하는 것을 보면 어려운 일보다는 쉬운 일을, 생소한 방식보다는 익숙한 방법으로, 시간이 걸리는 일보다는 바로 끝나는 일을 먼저 하는 경향이 두드러집니다.[19] 그런데 일 잘하는 사람들의 공통적인 특징은 일을 시작하기 전에 내가 지금 왜 이 일을 하는지 파악하고 거기에 맞게 가장 효율적인 방법을 찾아 일한다고 하던데요. 그래서 이지원의 일하는 기본(4)를 '왜 일을 하는지를 파악한다'로 정한 것 같습니다. 이지원에서는 어떻게 일을 제대로 파악했는지 그 비결이 궁금하네요.

**강박사:**

일 잘하는 사람들은 대부분 일을 시작하기 전에 무엇을 어떻게 할지 고민하여 계획을 세웁니다. 계획을 세울 때는 내가 할 일이 무엇인지 명확하게 파악하는 것을 무엇보다 중요하게 생각합니다. 명확하게 파악하는 지름길은 내가 할 일의 이력(History)과 관계성(Context) 관점에서 살피는 것입니다. 일의 이력(History)이란 내가 할 일과 유사한 일이 과거에도 있었는지, 있었다면 과거 일과 지금 내가 할 일이 다른 점은 무엇인지 등을 파악하는 것입니다. 관계성이란 내가 할 일은 내부서 또는 조직의 어느 목표와 관련성이 있는 것인지, 또 동일한 목표를 수행하는 다른 일들은 무엇이 있는지, 그 일들과 내 일의 관련성은 무엇인지 등을 파악하는 것입니다. 일의 기본(3)에서 잠시 언급했듯이 이지원에서 기능별/목표별 과제분류체계에 나의 단위과제를 연결하는 이유가 바로 여기에 있는 것입니다.

**민대표:**

왜 일을 하는지 파악하기 위해서는 기능별/목표별 과제분류체계가 매우 중요한 역할을 한다는 것인데, 어떻게 내 일의 이력(History)과 관계성(Context)을 알게 된다는 것인지 보다 구체적으로 설명해 주시면 좋겠습니다.

**강박사:**

우선 두 가지 과제분류체계가 무엇인지 구체적으로 말씀드리겠습니다. 기능별 업무분류체계는 조직이 수행하는 고유기능을 그룹으로 묶어 상하관계를 고려하여 대기능-중기능-소기능으로 분류하는 것이며, 목표별 과제관리체계는 1년 또는 3년 등 기간을 설정하여 조직이 달성해야 하는 목표로 정의하는 것입니다. 〈그림 19〉은 참여정부 정책실의 과제분류 방법을 보여주고 있는데요. 정책실 직원이 문서를 만들어 단위과제를 설정하며 단위과제의 성격에 따라 기능별로 연결되고 어떤 과제는 목표별 분류에도 연결되어 관리될 수 있는데 두 분류체계의 레벨을 나누는 기준을 가이드를 통해 제시하고 이해시켜 동일한 기준을 가지고 작성하려고 했습니다.

**〈그림 19〉 참여정부 정책실의 기능별 및 목표별 과제분류체계 사례**

각 행정관이 작성하는 하나하나의 문건

단위업무(수보회의 의제관리, 정책홍보 기획관리 등)
→ Folder (업무관리카드)

| 〈 기능별 분류 〉 모든 문건을 예외 없이 분류·관리 | 〈 목표별 분류 〉 정책과제 관련 문건만 분류·관리 |
|---|---|

| 소기능 | 기능면에서 유사한 단위업무들의 집합 (예 : 회의 의제관리, 정책과 홍보기획, 점검·관리·조정 등) → Directory | 이행과제 | 정책목표를 달성하기 위한 분야별 과제 → Directory |
| 중기능 | 업무가 지향하는 속성별 구분 (예 : 부서고유업무, 정부혁신업무, 부서관리업무 등) → Drive | 정책과제 (정책목표) | 수석실 차원에서 관리하여야 할 아젠다 (예 : 동방성장, 선진통상국가, 민생경제안정 등) → Drive |
| 대기능 | 대통령비서실 조직별 기능구분 → 내 컴퓨터 | 전략과제 (국정목표) | 선진한국 건설 → 내 컴퓨터 |

기능별 업무분류체계에는 모든 사람의 단위과제가 빠짐없이 연결되어야 하므로, 내가 할 일이 조직 또는 부서의 어떤 기능과 관련된 것인지를 쉽게 파악할 수 있습니다. 또한 해당 기능에 연결되어 있는 다른 단위과제를 검토해 보면 내가 할 일의 이력(History)과 관계성(Context)을 기능 관점에서 파악할 수 있습니다. 예를 들어 내가 지금 할 일이 '비서실 혁신워크숍 기획'이라면, 〈그림 20〉에서 보듯이 기능별 업무분류체계에서 그 일은 [대기능] '비서실 업무지원', [중기능] '비서실혁신 관리', [소기능] '비서실 혁신기획 관리', [단위과제] '비서실 혁신워크숍 기획 및 운영'과 연관성이 있음을 알 수 있습니다. 이처럼 내가 할 일의 위치는 기능분류를 통해서 바로 알 수 있는데요.

**〈그림 20〉 이지원 기능별 업무분류체계**

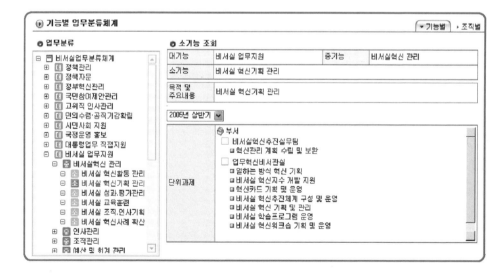

기능분류에 익숙해지면 지도처럼 찾아들어 갈 수도 있습니다. 주목할 것은 같은 소기능에 대해 2006년 상반기(지금이 이 시점이라고 가정) 이전에는 유사한 단위과제가 있었는지를 파악할 수 있다는 것입니다. 물론 관리기간의 단위에 따라 다를 수 있지만 반기 단위로 기능별 업무분류체계를 관리한다는 가정 아래, 반기별로 과거 기록이 있는 시점까지 유사한 단위과제에 대해 이력(History)을 파악할 수 있습니다. 만일 내가 지금 해야 할 일이 과거 어느 시점에 했던 일과 똑같다면 일을 계획하고 추진하는 데 훨씬 시간을 절약할 수 있을 것입니다. 비슷하지만 인력 규모와 워크숍 목적 등이 달라서 수정, 보완해야 하는 상황이더라도 나의 일은 매우 효율적으로 스마트하게 추진될 것은 분명합니다. 심지어 유사한 일이 해당부서에는 전혀 없더라도, 다른 부서 또는 조직의 단위과제에는 있을 가능성도 있습니다. 이런 것이 바로 일을 효율적으로 잘 하기 위한 벤치마킹의 일종이지요. 다른 조직에도 없는 완전히 새로운 일이라 하더라도 관련 키워드인 혁신, 기획 등을 검색해서 그 새로운 일을 고민하여 계획하는 데 도움 받을 수 있는 것들을 발견할 수 있을 것입니다. 물론 전제는 모든 조직 구성원이 일의 기본(1)에서 강조한 것처럼 꼼꼼히 기록하고, 일의 기본(3)의 분류를 제대로 잘 해 왔다는 것입니다. 설사 지금까지는 그렇게 일하지 않았다 하더라도 모든 조직이 이러한 개념을 가지고 일의 기본을 1년 이상 충실하게 실천한다면 동일한 효과를 보게 될 것이라고 확신 합니다. 다음은 〈그림 21〉목표별 과제분류체계에 대한 설명입니다.

## 〈그림 21〉 목표별 과제분류체계 예시

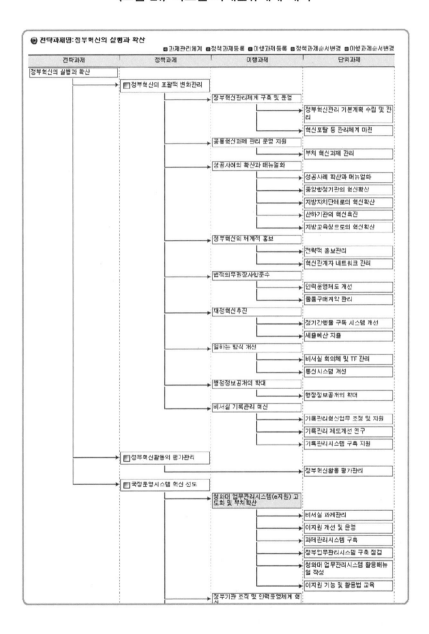

기능별 업무분류체계와는 달리 부서의 단위과제 중에서 조직의 목표와 관련된 과제들만 목표별 분류체계에 연결되어 있습니다. 따라서 내가 할 일이 목표별 분류체계에 연결되어 있지 않다면 기능별 체계에서 파악한 이력(History)과 관계성(Context)만을 가지고 업무계획을 수립하고 추진하면 됩니다. 목표별 체계와도 연결되어 있는 일인 경우에는 관련 목표별 과제들에 연결되어 있는 다른 부서 또는 조직의 일과 어떤 연관성이 있는지 등을 제대로 파악한 이후 계획을 수립하는 것이 중요합니다. 조직 및 부서 전체의 목표와 내가 하는 일의 목표가 어떤 관계가 있는지를 잘 파악하지 않으면 오히려 전체 목표 달성을 방해하는 결과를 초래할 수 있기 때문입니다. 나는 주어진 일만 잘하면 된다는 생각은 오히려 조직 전체를 위험에 빠뜨릴 수도 있다는 점을 명심해야 합니다.

예를 들어, '비서실 과제관리 개선방안'에 대하여 준비한다고 할 때 기능별 분류체계에서는 앞서의 예처럼 '[대기능] 비서실 업무지원-[중기능] 비서실혁신 관리-[소기능] 비서실 혁신활동 관리' 등과 연계되어 있으며, 동시에 목표별 분류체계서는 '[전략과제] 정부혁신의 실행과 확산-[정책과제] 국정운영시스템 혁신 선도-[이행과제] 청와대업무관리시스템 이지원 고도화 및 부처확산' 등에 연계되어 있음을 파악할 수 있습니다. 물론 이러한 과제 연계성은 단위과제카드 '비서실 과제관리'에서 쉽게 파악할 수 있을 것입니다. '비서실 과제관리 개선방안' 일을 준비하면서 목표별 과제분류체계에서 연계된 상위과제들의 목표가 무엇인지, 그 목표 달성을 위해 어떤 일들이 추진되고 있는지, 과제 목표 달성의 애로사항은 무엇인지 등을 체계적으로 파악한 다음에 내가 해야 할 일의 목표와 범위, 추진일정 등을 구체화하는 기획을 해야 하는 것입니다. 내가 맡은 일이 비록 비서실의 과제관리 개선방안이지만 이것이 궁극적으로는 정부혁신의 실행과 확산이라는 전략과제와 연계되어 있음을 제대로 파악하고 나의 일을 기획하는 것과 그렇지 않을 경우와 비교해 본다면 효과성과 효율성의 두 가지 측면에서 아주 큰 차이를 나타낼 것임은 분명합니다.

과제분류체계의 핵심을 한마디로 하면, 사람과 상황에 따라 업무수준이 달라지는 관행을 시스템을 통해 표준화하고, 축적된 업무실적을 기반으로 과학적으로 일을 파악하고 추진할 수 있는 토대를 제공한다는 것입니다. 지금까지 말씀드린 사례들이 이해에 도움이 되시는지요?

**민대표:**

네. 자세한 설명 감사합니다. 왜 내가 지금 이 일을 해야 하는지에 대한 이력(History)과 관계성(Context)을 잘 파악하도록 도와주기 위해 이지원의 과제분류체계 역할은 매우 중요한 것으로 보입니다. 기능별 및 목표별 과제분류를 참여정부 당시 청와대에서는 어떻게 분류했었는지 사례로 설명해 주시면 이해하는 데 큰 도움이 될 것 같습니다.

**강박사:**

청와대, 즉 대통령비서실의 업무를 어떻게 정의해야 가장 적합한

가에 대해서 많은 고민이 있었던 것이 사실입니다. 정부 부처의 업무와는 어떻게 달라야 하는지, 청와대의 고유 업무는 무엇인지 등을 대통령과 함께 고민했던 것입니다. 2004년 2월 청와대 부서간 업무연계 분석을 시작하여 11월 업무분류체계가 정립될 때까지 총 9개월이 소요되었다면 믿겠습니까? 업무정의와 분류에 상당한 혼란이 있었던 것처럼 보이지만, 이는 청와대 기능의 변화에 따른 일종의 과도기적 현상이었다고 생각합니다. 과거의 청와대가 정부부처를 통할하는 기능을 주로 담당했던 데 반해, 참여정부의 청와대는 독자적인 업무를 수행하며 전략과 기획, 점검과 조정하는 기능으로 변모하고 있었는데요. 이처럼 달라진 위상에 걸맞지 않게 일부에서는 여전히 과거 관행대로 업무를 수행하는 과정에서 혼란이 야기된 측면도 있었습니다.

비록 시간은 생각보다 오래 걸렸지만 업무분류체계에 대한 토론과 학습의 과정을 통해 청와대 업무의 역할을 보다 명확히 하는 데 크게 기여한 것으로 평가됩니다. 예를 들어, 정부부처 혁신관리 업무의 경우 당시 관련되어 있던 참여혁신수석실, 정책실, 인사수석실, 정부혁신위원회가 〈그림 22〉와 같이 각각 업무분장을 명확히 하고, 대통령 주재로 관련 부서가 참가하는 '혁신관리회의'를 신설하여 진행상황을 점검하고 이슈를 논의하는 자리를 마련하는 등 업무프로세스 개선안까지 도출하기도 했습니다.

| | 참여혁신수석실 | 정책실 | 참여혁신수석실 | 정책실 |
|---|---|---|---|---|
| 혁신기획 | 혁신기획 | - | - | - |
| 인사 및 조직 | - | 정부조직관리 | 인사관리 및 제도개선 | 인사, 행정개혁 로드맵 실행 |
| 모니터링 및 평가 | 혁신과제 모니터링 및 평가 | 정책과제 모니터링 및 평가 | - | 혁신관리 지원 |
| 교육 | 혁신교육프로그램 개발 및 실행 | - | 공무원 교육 일반 및 실행 | 혁신교육프로그램 개발 지원 |
| 민원·제도개선 | 민원, 제도개선 과제의 발굴 | 민원, 제도개선과제 실행지원 및 모니터링 | - | - |

**민대표:**

역시 사례를 들으니 이해가 더 잘 되네요. 업무분류체계 정립이 9개월이나 걸렸다니 얼마나 힘든 작업이었는지 실감나네요. 그럼 이번에는 청와대 기능별 업무분류체계는 어떤 절차를 거쳐 수립했는지 보다 구체적으로 말씀해 주세요.

**강박사:**

청와대의 기능별 업무분류체계 구조는 청와대도 정부의 한 파트로 정부 부처의 업부문류체계와 연계하기 위해 동일하게 '대기능-중기능-소기능' 3개의 계층으로 구성하였습니다. 기능별 업무분류체계는

5단계를 거쳐 정립하였는데요. △1단계로 개인별 업무를 전수조사하고 그룹핑하여 소기능을 정의하고, △2단계로 기존 단위과제를 정리(통합, 분리, 삭제, 추가, 명칭변경)하여 해당 소기능에 연결한 다음, △3단계로 소기능별 유사도를 판단하여 중기능을 도출하고, 중기능별 유사도를 판단하여 대기능을 도출하였습니다. 그런 다음 △4단계로 대통령/비서실 및 타부서/부처/국민의 관점에서 부서역할 정리 후 중요도에 따라 역할을 결정(브레인스토밍 기법 활용)하고, △5단계로 부서역할과 2단계에서 도출된 소기능과의 연관도를 분석하고 추가되거나 타부서/부처로 이관될 소기능을 정리하는 순서로 진행되었습니다. 한편 소기능은 해당 기능을 수행하는 청와대 각 부서와 연결할 수 있도록 했고, 조직도를 통해 해당 부서와 연결된 대기능-중기능-소기능과 소기능에 연결된 단위과제를 확인할 수 있도록 했습니다.

기능별로 업무를 분류하는 방법은 〈그림 23〉과 같은 기준으로 작업 하도록 했는데요. 우선 비서실 각 부서에서 수행하는 '핵심고유업무'를 구분하고, 그 다음 모든 부서가 공통적으로 수행하는 '공통업무'를 구분하는데 여기에는 '보도관리'나 '혁신업무' 같은 전 부서가 공통적으로 수행하는 업무와 '서무행정'과 같은 '부서관리업무'로 나누도록 하고, 그 외 업무는 특별 수행업무로 구분해 전체적인 표준을 만들려고 노력하였습니다.

## 〈그림 23〉 참여정부 대통령비서실 기능별 업무분류체계 기준

'핵심고유업무'는 다시 관리수준과 업무지속 정도에 따라 〈그림 24〉와 같이 3가지 Type으로 구분하도록 하였습니다. △Type 1(정책 관련 국정운영지원)은 부처 관련 정책업무를 담당하는 정책실·보좌 관실·NSC(National Security Council, 국가위기관리센터)의 역할을 고려하여 기능 유형을 분류하였고, △Type 3(비서실 업무 지원)은 비서실 혁신관리, 인사관리, 조직관리, 예산 및 회계관리, 행정관리, 행사 지원관리, 복리후생관리, 시설관리, 비상계획 및 보안관리, 기록관리, 정보시스템관리, 여론조사 등을 고려하여 분류하였으며, △Type 2(비정책 관련 국정운영지원)는 Type 1과 Type 3이 혼합된 형태로 비서실 이 일종의 '대통령部'로서의 기능을 수행하는 업무로 의전, 행사기획, 국정상황 점검, 국정홍보 등 업무특성 따라 분류 기준을 차별화 하였습니다.

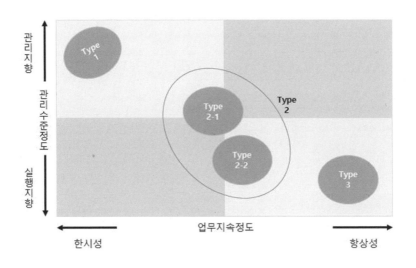

〈그림 24〉 기능별 업무분류체계 핵심고유업무 Type기준

다시 정리하자면, 기능별 분류체계는 영속성을 가지는 것으로서 조직단계와 업무의 유형·크기에 따라 '대기능-중기능-소기능'의 3계층으로 분류하고, 실제 업무는 '단위과제'를 중심으로 분류, 관리할 수 있도록 했습니다. 대기능과 중기능은 정책실 및 각 수석실 단위의 기능 및 업무분류로서 관리 목적의 편의적, 개념적 분류에 해당하고, 소기능은 유사한 단위과제의 그룹핑을 말합니다. 단위과제는 그 성격상 상호 독립성과 영속성을 가지는 최소업무단위이며 개별문건을 담는 기본폴더가 됩니다. 이렇게 기능별 분류체계에 의해서 정부 전체의 업무가 확실하게 관리된다면 조직 개편 등에 따른 정책업무 추진의 혼란은 최소화될 수 있다고 생각합니다. 담당하는 부처와 부서, 담당자 등은 자주 바뀌더라도 기능별 업무분류체계를 토대로 해당 업무는 자

동적으로 인수인계될 것이고, 그에 따라 바뀐 업무에 대한 파악도 빠른 시간 내에 이루어질 것이기 때문입니다. 인수인계 등에 대한 보다 자세한 내용은 일의 기본(6)에서 다시 말씀드리도록 하겠습니다. 다만 여기서는 기능별 분류체계를 업무분장의 변경 또는 조직개편 등에 따라서 체계적으로 업데이트하면서, 모든 일이 빠짐없이 기록되고 관리되어야 한다는 것을 다시 한 번 강조하고 싶습니다.

**민대표:**

청와대 업무는 다른 정부부처 업무보다 기능별 분류체계를 만드는 데 혼란이 있었다는 말씀이 무엇인지 알 수 있을 듯합니다. 대부분 정부부처는 업무분장 규정이 있어서 기능별 업무분류는 비교적 쉽게 할 수 있을 것이라고 생각합니다. 다음에는 목표별 과제분류체계 사례에 대해 설명해 주세요. 참여정부는 대통령비서실의 목표별 과제분류체계도 별도로 수립하여 운영했던 것이지요?

**강박사:**

2005년 초에 노무현 대통령은 '선진한국' 이라는 목표를 설정하고, 이를 위해 정부가 추진해야 할 업무에 대하여 각 단계별로 로드맵을 만들어 대비하는, 이른바 '선진한국 전략지도' 를 작성하라고 지시한 적이 있습니다. 이 지시를 수행하기 위해 목표별 과제분류체계를 수립하였는데요. 목표별 분류체계는 국정운영목표에 따라 전략과제-정책과제-이행과제의 3계층으로 설정하여 관리하도록 했습니다. 예를 들어, 전략과제는 비서실 전체 차원에서 당해 연도에 중점적으로 나아갈 방향성을 나타내는 것으로, 대통령의 국정운영 방향과 직접적으로 연결됩니다. 국정운영 목표가 '선진한국'일 때 '정책과제'는 수석실 차원에서 추진할 정책들을 정의하는 것이고, '이행과제'는 정책과제를 구체화하기 위한 분야별 또는 비서관실별 과제가 되는 것입니다. 연도별로 업무계획이 수립되면 그에 따라 목표별 분류체계의 '이행과제'가 만들어지고, 상황에 따라 '이행과제'들이 생성, 소멸될 수 있도록 유연하게 운영했습니다. 또한 이행과제별로 관리담당자를 지정하여 주요 진행상황을 과제관리카드에 기록하고, 추진상황을 평가하여 수정, 보완하도록 독려하였습니다.

이렇게 구성된 목표별 과제분류체계는 주요 정책에 대해 전략과 계획에 입각한 업무수행을 가능하게 하고, 유사정책 사례의 추진경과와 시행착오에 따른 교훈 등을 손쉽게 파악할 수 있도록 하여 정책의 일관성을 확보하며, 정책실패를 사전에 예방할 수 있는 기반이 되었습니다. 또한 정책과 관련된 보고서와 각종 정보 및 자료들을 종합적으로 관리하는 파일철 역할을 함으로써 정책업무에 대한 파악과 인수인계가 용이하고, 정책업무 처리 과정과 결과를 함께 고려한 객관적 과제 평가의 자료로 활용할 수 있도록 한 것도 큰 장점이라 하겠습니다.

# 청와대 업무범위 관련 대통령 말씀

비서실 전 직원이 자신의 미션과 업무를 숙지해야 하며 명확하고 구체화된 미션과 업무분장을 토대로 전체 비서실의 목표와 성과관리가 이루어져야 합니다.

*출처: 대통령비서실 전직원 워크숍(2003.3)

각 부서별로 어떤 업무를, 어떻게, 어떤 목적으로, 누가 하고 있는지 일목요연하게 관리하는 것이 기본입니다. 그 기본부터 해 나가자는 것이지요.

*출처: 대통령비서실 업무보고(2004.2)

청와대는 부처를 통해 정책을 관리하는 것이 주요 업무입니다. 기획의 기본방향만 제시하고 진행상황을 점검하는 업무특성이 보고서에도 나타나야 합니다. 그래야 일과 조직체계가 맞게 돌아가는 것입니다.

*출처: 비서실 과제관리 토론회(2006. 2)

청와대는 정책추진은 되고 있지만 혼선이 있어서 정리가 필요한 과제 등에 대해 국정운영의 방향을 잡고 점검 · 조정 · 통제해 나가는 업무가 될 것입니다. 상 · 하향의 라인을 통해서만이 아니라 정보기관을 통해서 정보를 수집하고 심각한 오류가 있는지를 점검하기도 합니다. 현장의 목소리를 점검해서 불협화음, 이상 징후를 발견하고 국정을 바로잡아 나가는 시스템도 구축해야 합니다.

＊출처: 수석보좌관회의(2005. 2)

정책실이 정책 관리 점검 업무를 하고 있는데 이 부분은 포지티브 시스템으로 완전히 바꿔야 합니다. 정책현안들을 전부 점검한다는 생각을 버리고 핵심적인 것만 할 필요가 있습니다. 일상적인 것은 총리실에서 하고 이상 신호가 도달되면 그 부분을 가지고 다시 점검을 해나 가는 시스템이 필요합니다.

＊출처: 수석보좌관회의(2005. 1)

# 업무/과제 분류체계에 대한 대통령의 고민

2004년 9월, 비서실 업무분류체계가 정립되긴 했지만 대통령은 아직도 비서실의 업무분류가 미완성이라는 말씀을 계속하였다. 그리고 2005년 2월 16일 급기야 직접 정책실의 업무분류체계를 작성하였다면서 부속실장을 통해 내려 보냈다. 정책기획, 정책점검, 정책조정 등 업무프로세스별로 분류가 되어 있었고, 내용적 과제와 시스템혁신과제처럼 본연적 업무와 이차적 업무를 나눈 듯한 구분으로 되어 있었다. 개발팀에서는 대통령이 작성한 업무분류체계를 토대로 경제정책, 총무, 업무혁신 3개 부서에 시범적용을 해보았다. 그러나 막상 그 결과를 수석 · 보좌관회의에서 보고했더니 정책실의 업무분류체계를 왜 총무와 업무혁신에도 무리하게 적용했느냐고 지적을 받았다. 개발팀에서는 업무분류체계에 대해 근본적인 재검토에 들어가지 않을 수 없었다.

대통령이 직접 작성한 업무분류체계의 핵심은 경영학에서 말하는 가치사슬(Value Tree)처럼 본연적 업무와 이차적 업무를 나누자는 것이었다. 또한 정책실과 같은 프로젝트형 부서와 총무와 같은 일상형 부서를 구분하여 분류체계를 만들 수 없을지 고민하라는 메시지이기도 했다. 그동안 업무관리에 별 관심이 없던 정책실이 과제관리 주관 부서 역할을 담당하는 계기가 되었다.

### <청와대 비서실 업무분류 및 과제관리체계 시안 1>

**1) '2005년도 대통령 비서실 업무 및 혁신계획'**
   **바인더 파일 잘 보았습니다.**

아직 고유의 정책업무와 업무혁신과제의 구별이 잘 되지 않는 것 같습니다. 이 점은 일반 부서만이 아니라 업무혁신 비서관실도 마찬가지 인 것 같습니다. 만일 부처보고가 이 수준으로 올라왔다면 대통령은 부처의 과제정리가 잘못되었다고 호된 질책을 했을 가능성이 높습니다.

청와대 비서실이 무엇을 하는 곳이며 이 일들은 어떻게 분류하고 관리해야 하는지 업무의 성격과 실제흐름을 다시 한 번 분석하여 업무를 효율적으로 관리할 수 있도록 업무를 분류하고, 과제단위를 설정해야 할 것입니다. 그리고 실제 하고 있는 일들을 꼼꼼히 정리하는 정성을 가지고 단위과제를 설정해야 할 것입니다.

**2) 참고로 청와대 업무의 유형별 분류에 관한 나의**
   **의견을 제시해 보겠습니다. 참고 바랍니다.**
   **정책부서의 예를 가지고 만들어 본 것입니다.**
   **각 부서에 거의 공통된 것이라 할 수 있을 것입니다.**

---

**2-1) 고유업무 분야 업무와 그에 관련한 업무혁신과제**

- 00분야 정보 및 의제관리 업무
- 정보 및 의제관리 체제 운영 및 개선 (혁신과제: 업무 방법과 이를 개선하는 업무)
- 000분야 정보 및 의제관리 (정책 내용을 수행하는 과제)

- 00분야 정책 및 홍보 기획, 조정 업무
- 정책기획 및 홍보관리 제도 운영과 개선 (혁신과제)
- 정책 품질관리 제도 운영과 개선 (혁신과제)
- 경제 양극화 실태 분석
- 동반성장 전략수립
- 선진경제 개념구축과 추진전략 기획
- 기업지원서비스 산업 육성전략

- 00분야 정책현안 조정 및 갈등관리업무
- 현안조정 시스템 개선
- 갈등관리 시스템 개선
- 개별 조정 과제들..

- 00분야 정책 점검, 관리업무
- 정책점검 관리업무 규준과 그 개선에 관한 과제
- 개별 점검정책사안들의 단위과제

- 감사원 정책감사 제도 관리와 활용 1
- 감사원 정책감사 제도 관리와 개선
- 감사원 정책감사 기획, 관리
- 000사건 정책감사 결과와 사후관리

- 00분야 정책평가 업무 1
- 평가시스템 관리와 개선에 관한 과제
- 개별 단위 평가업무
- 00분야 정책관련 보도 점검과 대응
- 모니터링 시스템과 개선에 관한 과제

---

- 모니터링 과제
- 000보도 오보대응 과제관리
- 보도수용 정책관리

- 00분야 대통령 지시사항 관리
- 대통령 지시사항관리 시스템 개선, 관리 (혁신과제)
- 대통령 지시사항 관리 (정책점검과제의 특수한 형태임)

- 00분야 대통령 정책관리 체계 구축, 관리 (대통령의 정책점검이나 연설기획 등에 편리하도록 정책 항목을 국민들의 요구에 맞도록 체계화하여 관리하고 점검 하는 체계)
- 정책관리체계 개선 (혁신과제)
- 정책관리체계와 관리
- 경기활성화, 거시경제관리
- 경쟁력 강화방안
- 동반성장
- 선진경제
- 일자리 정책
- 00분야 정부혁신과제 추진과제 (공통과제 중 해당분야에 관련한 혁신과제 기획, 조정 점검 등의 업무)
- 00분야규제개혁

**2-2) 해당부서 관리업무와 그에 관련한 혁신과제**

- 00부서 관리
- 문서 수발과 관리
- 업무시스템관리
- 서무관리
- 일정관리
- 업무관리 개선과제
- 00부서 혁신관리

---

**2-3) 우리부서가 특별히 맡아서 추진하기로 한 혁신과제**

- 정책품질관리 체계 구축
- 청와대 충리및 효과적인 국정운영 시스템 구축
- 부처업무보고 체계 개선

**3) 다음과 같이 분류기호를 부여하는 방안도 검토**
   **바랍니다.**

1.  고유 목적업무
11.  정보 및 의제관리
111. 고유 목적업무과제들
112. 목적업무에 관련한 시스템의 관리, 개선
12.  정책과 홍보의 기획
121. 내용적 과제들
122. 시스템 관리
13.  현안조정과 갈등관리
131. 내용적 과제들
132. 시스템과제들
14.  점검, 관리
15.  감사 관리
16.  평가관련업무
17.  보도관리
18.  지시사항 관리
19.  관리체계 관리

요컨대 이런 식으로 관리 분류 관리해 보자는 것이다.
이하 여러분께서 분류해 보시길~~

2005. 2. 16. 대통령

---

＊ 출처: 『청와대 업무관리시스템 이지원 개발 백서(2006)』 中

# 일의 기본 ❺
## 나의 일을 정리정돈한다

| PDCA 사이클 | Plan(Ideation) | Do | Check | Act |
|---|---|---|---|---|
| 이지원 일하는 방식의 기본 | (1) 꼼꼼하게 기록한다 | (2) 문서관리의 표준을 지킨다 | (3) 나의 일을 잘 분류한다 <br> (4) 왜 일을 하는지 파악한다 | **(5) 나의 일을 정리정돈한다** <br> (6) 기록관리는 의무다 |

**민대표:**

일을 하는 사람 입장에서는 말씀하신 이지원의 일하는 기본(1)~(4)까지를 잘 실천하는 것도 중요하지만 일한 만큼 제대로 평가받는 것도 중요하다고 생각합니다. 이지원에서 이런 부분은 어떻게 처리되었는지 궁금합니다. 그리고, 이지원의 일하는 기본(5)는 '나의 일을 정리정돈 한다' 인데요. 그 의미가 무엇인지 설명 해 주세요.

**강박사:**

맞습니다. 개인적으로는 한 일에 대해 공정한 평가를 받기 위해서도 정리정돈이 필요합니다. 그러나 조직차원에서 지식을 재활용할 때 가치를 높이기 위해서도 정리정돈이 필요합니다.

노무현 대통령은 궁극적으로 대통령비서실에서도 지식경영이 이루어져야 한다고 생각했습니다. 업무를 효율적으로 한다는 것은 결국

자기가 하고 있는 일을 보다 가치 있게 만드는 것이고, 그러기 위해서는 내가 하는 일을 모두 기록으로 남기고 지식화해서 다른 사람들과 공유하고 활용해야 한다는 것입니다. 청와대 업무관리시스템 이지원을 만든 목적도 업무처리과정을 잘 관리해서 결국은 지식경영까지 발전하기를 기대했던 것입니다. 이지원은 정보의제관리에서 시작하여 문서관리, 과제관리를 거쳐서 지식관리에서 완결되어야 한다고 강조했습니다.

지식관리에 실패한 조직은 그 원인을 물으면 '정말 필요한 지식이 없다'는 대답이 돌아오는 경우가 대부분입니다. 너무 많은 자료가 제대로 정리되지 못한 채 쌓여있기만 해서 필요한 자료를 찾으려면 너무 힘들다는 것입니다. 오죽하면 지식관리시스템에 '지식'은 없고 '쓰레기'만 쌓여 있다는 지적이 나오기까지 할까요? 청와대도 동일한 오류를 반복할 수는 없었기에 청와대에 적합한 지식관리란 무엇인가에 대한 고민은 깊어질 수밖에 없었습니다. 그래서 '나의 일을 정리정돈 한다'를 일의 기본(5)로 설정했습니다.

**민대표:**

정리정돈, 쉬운 일 같으면서도 주기적으로 정리정돈을 잘하는 사람들은 매우 드문 것이 현실입니다. 1970년대부터 많은 조직에서 지식경영을 시도했지만 제대로 성공한 경우를 찾기 어려운 것도 아마 비슷한 이유 때문이라고 생각합니다. 정보기술혁명이 본격화된 1990년대 이후 IT 기술의 도움으로 보다 효과적으로 지식경영이 추진될 것이라고 기대했으나 GIGO(Garbage In, Garbage Out)로 풍자되기도 했습니다. 정보의 저장과 검색엔진의 성능이 급속히 개선되면서 일부에서는 지식경영이 별도로 필요 없다는 주장도 나오고 있습니다. 더구나 빅데이터(Big Data) 분석, 인공지능(AI, Artificial Intelligence) 등 새로운 IT 기술이 각 분야에서 상용화되는 시기가 눈앞에 와 있기 때문에 구태여 정리정돈을 기반으로 한 지식경영이 필요하지 않다고 대부분 생각하는 듯합니다. 그럼에도 불구하고 이지원의 일하는 기본으로 정리정돈을 강조한 것은 특별한 이유가 있습니까?

**강박사:**

물론 AI가 효율적으로 적용되는 시기가 오면 구태여 정리정돈을 강조할 이유가 없을 것이라는 말씀에는 동의합니다. 그때가 오기를 기다리면서 정보만이라도 제대로 축적하면서 최대한 활용에 힘쓰는 것도 좋은 전략이라고 생각합니다. 그러나 노무현 대통령은 세 가지 측면에서 이지원에 지식경영을 구현하고자 했습니다. 첫째로는 업무의 계획을 세우고 계획대비 실적을 관리하도록 한 것이며, 둘째로는 주기적인 평가를 통해 그 실적들을 정리정돈 하도록 독려하는 것이고, 셋째로는 업무편람을 작성하도록 하여 암묵지를 최대한 형식지로 만들어 공유하고 재활용하도록 했습니다. 계획대비 실적관리, 평가를 위한 실적 정리정돈, 업무편람 작성 등 세 가지를 제대로 하려면 기존에 해야 하는 일 이외에 추가적으로 과제관리에 상당한 시간과 노력을 투입해야 하는 것은 분명합니다. 그래서 아무리 이들을 제도화해도 모든 구성원의 생각과 조직문화가 바뀌지 않는다면 지식경영은 성공하기 어려울 것이라고 생각합니다.

**민대표:**

이지원의 과제관리카드가 지식경영을 위한 핵심 수단이라는 말씀으로 이해됩니다. 과제 단위로 목표와 계획을 세우고, 각자가 하는 일을 계획에 대비하여 일지 형태로 빠짐없이 기록하며, 적어도 평가 시기에는 과제관리카드의 실적들을 정리정돈 하고, 해당 과제를 전혀 모르는 사람도 이해 가능하도록 과제단위로 업무편람을 만들어야 한다는 것입니다. 어쩌면 너무 이상적인 것이라고 생각합니다. 저 자신도 지식경영을 옹호하는 사람이지만 이렇게 내가 한 일을 정리정돈 하라고 하면, 과연 제대로 꼬박꼬박 할 수 있을까 의문이 듭니다. 과제관리카드에 대해 그 개념과 지식경영과의 관계성에 대해 다시 한 번 정리해 주세요.

**강박사:**

앞서 일의 기본(3)와 (4)에서도 일부 설명을 드렸지만, 과제관리카드의 개념을 확실하게 가지고 있어야 합니다. 카드는 실적을 관리하는 파일입니다. 그 파일을 어떤 크기로 설정하고, 어떻게 관리할 것이며, 그 파일의 속성은 어떻게 부여해서 나중에 어떻게 활용할 것이냐를 고민해야 합니다. ①업무기록 축적, ②과거 사례로 참고하기 위한 저장고, ③진행상황 점검 도구, ④평가와 분석의 기본 등이 과제관리카드

역할이며, 지식경영의 가장 핵심이 되는 것입니다. 업무의 축적이 잘 안되어 있어서 기록이 잘 남아 있지 않다는 점을 극복하면서, 다음에 유사한 업무를 처리할 때 과거의 선례를 빨리 참고할 수 있기 위한 정보 저장고가 되어야 합니다. 과정이 또박또박 기록되어야 진행 상황도 점검해 볼 수 있고, 자료가 정확하게 남아 있어야 이를 토대로 평가와 분석을 할 수도 있습니다. 수치로 표현할 수 있는 것은 수치로, 아닌 것은 진행과정을 평가해야 합니다. 공무원들이 스스로 달라졌다고 느끼는가? 국민들이 달라졌다고 느끼는가? 구체적으로 말할 수 있는 제도의 변화가 있는가? 또 생산실적이 있는가? 이런 여러 가지 지표들을 가지고 연초에 만든 계획을 기준으로 하되 이후의 추가적인 지시사항들을 포함해서 부처의 1년간 업적평가를 제대로 해야 합니다. 정책의 성과도 내놓아야 하지만 일하는 조직과 방법, 사람의 자세, 이런 것이 바뀌어서 정부의 일하는 방식 자체의 효율성이 높아지지 않으면 국가 경쟁력도 높이기 어려울 것입니다. 그래서 결과와 함께 지속적인 프로세스 개선이 일어날 수 있는 혁신과제들을 끈기 있게 발굴하고 추진해 나가야 합니다. 그런 관점에서 정책의 성과뿐 아니라 그것을 해결해 가는 프로세스에 관해서도 성과를 거두도록 두 가지 관점에서의 목표를 모두 설정하고 평가해야 합니다.

**민대표:**

과제 단위로 목표를 설정한다는 것은 일의 기본(4)에서 설명해 주셨는데, 그럼 목표 대비 실적을 토대로 평가는 어떻게 하는 것인지 설명해 주세요. 특히 평가과정에서 어떻게 내 일을 정리정돈 하는 것인지를 함께 설명해 주시면 감사하겠습니다.

**강박사:**

과제관리카드를 열람하면 '누가, 어떤 일을, 어떻게 수행하는지' 알 수 있는데, 이러한 정보는 이지원의 성과관리시스템에 연동되어 직원들의 실적을 투명하고 공정하게 평가하는 자료로 활용되었습니다. 참여정부 당시 대통령비서실 직원들은 매일 일상적으로 평가시스템에 의해 항상 평가받는다는 생각 속에서 이지원 앞에 앉게 된 것이지요. 자신이 하는 모든 행위는 이지원의 과제관리카드에 기록되고, 그대로 평가로 연결되기 때문입니다. 청와대 녹지원[20]이 조선시대 과거시험 보는 장소였듯이 이지원 안에서 매일 시험을 보고 있다고 하면 지나친 비약일까요? 서열이나 근무경력에 따라 잘 평가가 되겠지 하는 생각은 더 이상 하지 못합니다. 매우 피곤한 일이지만 이러한 변화는 각자가 한 일만큼 대우받는 공정한 근무분위기를 조성하며, 크게는 미래의 국가경쟁력으로 연결된 것이라고 확신합니다.

〈그림 25〉의 참여정부 대통령비서실 평가시스템의 특징을 보다 구체적으로 설명하면 다음과 같습니다. 첫째, 오프라인 방식이 아니라 이지원 내에 종합적 평가시스템을 구축했습니다. 이를 통해 평가의 편의성 및 객관성이 확보되어 지속적 성과관리가 가능하게 되었습니다. 일지를 작성하고 보고서를 작성하면 자동으로 평가 자료로 축적되므로 평가를 위해 별도로 자료를 만들거나 하는 번거로운 일들이 사라진

것입니다.

둘째, 단위과제 기반의 업무성과 평가방식을 도입하여 과제관리시스템과 일관성을 유지하였으며, 이를 토대로 객관성과 직원들의 수용도를 높였습니다. 과제기반의 평가는 개인에 대해 직접적으로 평가할 경우 개인 자체에 대한 인성평가가 될 가능성이 있다는 지적에 따라 도입된 원칙입니다.

<그림 25> 이지원 평가시스템 화면

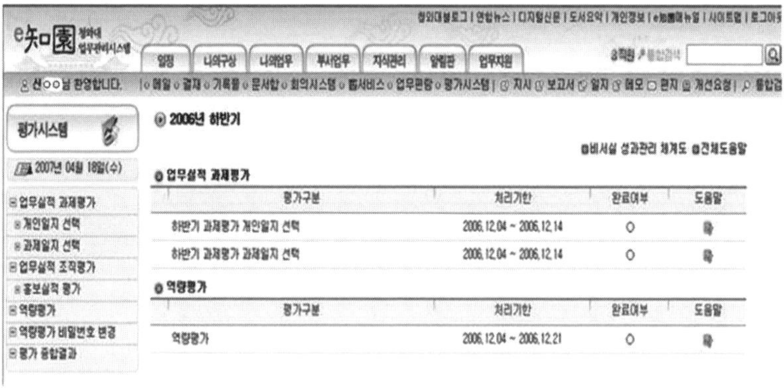

즉, 개인에 대해 평가를 하는 것이 아니라 단위과제를 평가한 결과가 개인에 연동되도록 한 것입니다. 이로써 평가자의 주관성을 최대한 배제하고 객관성을 높일 수 있게 되었고, 아울러 부서 내 직원들 간 경쟁보다도 단위과제별 협업을 중요시하는 업무풍토를 조성할 수 있게 되었습니다. 결국 단위과제 중심의 업무가 청와대 업무의 척추에 해당

한다면 단위과제 중심의 성과관리는 그 척추를 건강하게 유지시켜 주는 중요한 건강진단 역할을 담당하게 된 것입니다. 평가결과에 대한 이의신청 프로세스도 운영하여, 단순한 것이지만 상하 간에 소통구조를 만들어 냈다는데 그 의미가 큽니다.

셋째, 평가시스템을 아무리 잘 만들어도 평가자가 제대로 평가를 하지 않으면 결과가 왜곡되고 불신의 원인이 됩니다. 이러한 위험성을 제거하고 평가의 객관성을 담보하기 위하여 평가자가 평가를 지나치게 후하게 주는 경우 전체평균을 기준으로 조정하는 보완장치를 두었습니다.

넷째, 과정과 결과의 균형은 평상시에 업무를 묵묵히 수행한 직원보다 평가기간 즈음에 업무가 많거나 열심히 일한 직원들이 더 좋은 평가를 받는 폐단을 줄이기 위해 도입된 원칙입니다. 단위과제의 목표를 달성했느냐에 대한 결과뿐 아니라, 업무수행 과정상 노력을 기울였는지(충실도), 적시에 진행하였는지(진행도)에 대한 과정평가를 병행하여 업무실적 평가에 결과와 과정 평가가 균형을 이루게 했습니다. 기존에 반기별로만 실시하던 평가를 분기(과정평가)/반기(성과평가)별로 실시함으로써 항시적으로 업무를 충실히 수행하고 기록을 잘 남기고 정리정돈을 잘 해야 좋은 평가결과를 받을 수 있도록 했습니다.

다섯째, 청와대 업무는 매우 다양하여 동일한 평가기준으로 평가하기가 어렵다는 지적에 따라 과제별 업무특성 반영 원칙을 도입했습니다. 과정평가(충실도) 등 차별화된 평가요소를 도입하여 과제별 업무특성에 따라 융통성 있게 평가기준을 적용하도록 한 것입니다. 그 무엇보다 중요한 것은 사전 의견수렴, 부서별 설명회, 평가결과 조정 시스템 도입 등으로 평가에 대한 긍정적 인식이 안착된 점입니다(〈그림 26 참조〉).

**〈그림 26〉 참여정부 대통령비서실 과제평가 프로세스**

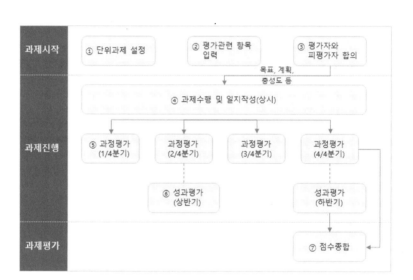

**민대표:**

단위과제를 정의한 이후 해당과제에 대한 목표, 계획, 충실도 등의 평가항목에 대해 입력하고 피 평가자와 합의하는 과정을 거친 후에, 과제를 수행하면서 일지를 작성하고, 분기별로 일지를 정리정돈 하여 과제 수행의 과정에 대한 분기평가를 한다는 것은 민간 기업에서도 찾아보기 어려운 시도라고 생각합니다. 대부분의 평가는 과정보다는 결과 중심, 팀보다는 개인 중심의 평가를 하기 때문에 평가의 공정성에 대한 이슈가 끊임없이 제기되는 것인데, 이지원에서는 과정과 결과에 대하여 가능한 균형 있게 평가하려고 노력한 모습을 볼 수 있습니다. 그것은 아마도 과제관리시스템에 의해서 과제 단위로 업무 과정에서 있었던 모든 일을 기록하게 만들었기 때문에 가능한 것이라고 생각합니다. 마치 글로벌 초일류기업 GE에서 상시평가를 하는 것과 유사하게 이미 참여정부 청와대에서 이러한 시도를 했다는 것 자체가 놀라울 뿐입니다. 실제로 이러한 평가에 대해 당시 직원들의 반응은 어떠했는지 궁금합니다. 간단히만 소개해 주십시오.

**강박사:**

2006년도 평가 후에 설문조사를 실시했는데 과제관리시스템에서 상시적으로 관리해온 일지 등을 통해 평가가 이루어진 점에서 신뢰도가 높아진 것으로 조사되었습니다. 또한 직원들은 개인을 직접적으로 평가하는 평가자의 자의적인 판단에 의한 것이 아니라, 단위과제를 기반으로 충실도, 목표달성도 등 객관적인 장치를 통해 객관성과 합리성을 확보하였다는 점을 장점으로 꼽았습니다. 반면에 일지 등에 반영할 수 없는 부분에 대해서는 보완 장치가 없었다는 점, 업무를 너무 정량화된 수치로 평가했다는 점은 개선해야 할 부분으로 지적되었습니다.

**민대표:**

이제 평가에 의한 정리정돈은 이해가 충분히 된듯합니다. 앞서 문서관리와 과제관리를 토대로 궁극적으로는 지식경영이 이루어져야 한다고 했는데, 이지원에는 지식관리시스템이 별도로 있었는지 궁금합니다.

**강박사:**

이지원에는 별도로 지식관리시스템 패키지나 소프트웨어를 도입하지는 않았습니다. 다만 지식관리메뉴를 업무지식, 참고지식 및 업무지식 Q&A로 구성하여 정리정돈을 통한 지식경영을 추구했습니다. 업무지식은 문서관리카드에서 등록된 지식이며 업무지식 중 통계관련 지식은 업무통계라는 메뉴를 별도로 구성했습니다. 참고지식은 업무관련 지식이지만 문서관리카드로 보고되지 않은 지식을 등록하는 것으로, 별도의 지식관리카드를 통해 등록할 수 있도록 했습니다. 업무지식 Q&A는 업무관련한 질문과 답변을 자유롭게 올리는 것입니다. 그리고 추천을 많이 받은 지식은 추천지식 목록을 별도로 구성해서 더 많은 사람들이 볼 수 있도록 했습니다. 지식등록을 독려하기 위하여 참여정부 청와대에서는 매월 가장 많은 지식을 등록한 직원을 지식스타로 선정하여 포상하기도 했습니다. 그러나 노무현 대통령이 원하는 수준까지 지식경영이 이루어지진 못했다고 생각합니다. 참여정부 청와대에서는 변화관리의 초점을 문서관리와 과제관리에 두었기 때문이라고 추측합니다(〈그림 27 참조〉).

**민대표:**

이지원에는 지식관리 메뉴와는 별도로 업무편람이라는 것도 있는데, 이것 또한 지식경영의 하나였던 것이라고 볼 수 있지요?

**〈그림 27〉 이지원 지식관리시스템 화면**

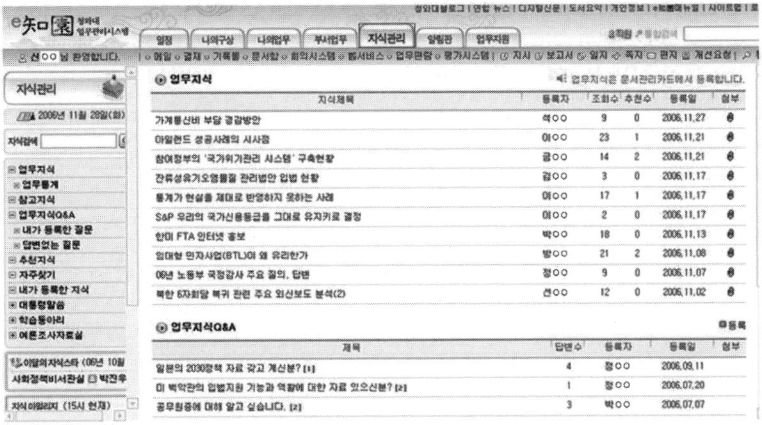

**강박사:**

네 맞습니다. 업무편람은 특정조직에서 일하는 데 필요한 절차나 방식, 각종 규정을 담은 중요한 지식의 하나입니다. 참여정부 청와대에서는 지식관리의 하나로 업무편람시스템을 구축한 것입니다. 노무현 대통령은 취임 초부터 체계적으로 정리된 업무편람에 대한 지속적인 관심을 표시하였는데, 최초로 화답한 것은 여사무원들이었습니다. 청와대 사무원의 업무는 각 실에 따라 다양하고 정형화되어 있지 않아 업무협조 및 인수인계시 어려움이 있어 자연스럽게 사무원 공통 업무를 중심으로 업무정형화의 필요성이 제기되었습니다. 이에 2004년 사무원들이 자발적으로 학습모임을 조직하여 혁신과제로 추진하였으며, 2005년 3월 11일 사무원 업무매뉴얼을 완성했습니다. 이 매뉴얼은 경리, 고객응대, 문서처리, 정보수집, 부서협조, 행사지원, 회의실 사용방법, 회의지원, 각종 서식 등을 망라했으며, 부서의 업무 중 가장 소외된 서무업무를 체계적으로 분석하고 표준적 모델을 만들었다는 데 큰 의의가 있습니다. 서무업무를 표준화하고 매뉴얼화한 것은 정부기관에서 최초라는 평가가 나왔습니다. 뜻밖의 성과에 노무현 대통령도 매우 흡족해하고 칭찬을 아끼지 않았습니다. 이와 같은 업무매뉴얼 작성 열풍은 청와대 전체로 확산되었는데 어떤 방식으로 작성할 것인가 하는 작성방법론을 놓고 혁신담당관회의에서 논의를 거듭한 끝에, 업무매뉴얼도 단위과제를 중심으로 작성하는 것이 가장 바람직하다는 결론을 도출했습니다. 청와대 업무편람은 크게 비전, 일반현황, 업무분류, 업무매뉴얼 및 비서실지원업무의 5개 분야로 나누고 각 분야별로 몇 개의 세부메뉴를 구성하였습니다(〈그림 28 참조〉).

이를 통해 비서실업무에 필요한 중요한 지식들이 체계적으로 정리될 수 있는 기반이 마련되었습니다. 특히 업무매뉴얼 부분에서는 단위과제별 매뉴얼과 별도로 청와대 업무중심의 중요한 매뉴얼들을 수록하였으며, 업무처리방법에 관한 대통령지시사항에서는 분야별로 업무처리에 관한 대통령말씀을 원문 그대로 수록하여 직원들이 항상 참조할 수 있도록 구성했습니다.

다시 한 번 강조하자면, 청와대비서실의 모든 업무는 과제관리시스템에 의해 진행되므로 과제관리카드를 열람하면 누가 무슨 목적으로, 어떤 절차에 따라, 일을 어떻게 수행했으며, 계획 대비 남아 있는 일이 무엇인지 한눈에 파악할 수 있습니다. 또한 과제와 관련한 고객관리, 각종 관련 정보는 물론, 홍보한 내용까지 체계적으로 축적되어 있어 업무실적을 기반으로 과학적으로 업무를 수행할 수 있는 토대를 제공했습니다. 새로 직원이나 비서관이 부임하여 업무 인수인계가 필요할 때, 예전처럼 인수인계서를 별도로 작성할 필요 없이 과제관리카드를 열어 과거의 활동을 열람하고, 주간보고 또는 업무보고 시에도 과제관리카드에 등록된 주요 내용을 출력해 보고서를 대신했습니다.

**〈그림 28〉 이지원 업무편람 화면**

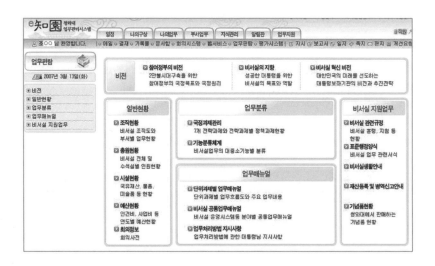

# 업무 정리정돈 관련 대통령 말씀

행정업무는 통계로 나타낼 수 있는 부분은 적고 바로 이행되기도 하지만 엿가락처럼 늘어질 소지도 많고 모든 일이 보고서 형태로 이루어지기 때문에 진행일지의 역할이 중요합니다. 업무실적을 관리하기 위해서는 기본적인 개념이 있어야 합니다. 하루하루 진행되는 일지가 가장 중요하고 나머지 보고서, 기안문, 참고문건 등은 자료로 첨부하기만 하면 됩니다.

＊출처: 디지털청와대 사업 보고(2003. 7)

어떤 일이 시작됐는데 처음에 어떻게 시작해서 어떤 회의를 몇 번이나 거쳤고, 그 회의를 통해 어떤 결정이 이루어졌는가를 일지를 통해 볼 수 있고 업무의 매뉴얼이 있다면 그대로 맞게 진행되었는지도 검증할 수 있겠지요. 특히, 문제가 생겼을 때 확인하고 평가해야 할 때, 일지가 또박또박 만들어져 있으면 훨씬 유용할 것입니다.

＊출처: 이지원 구축 보고(2004. 2)

성과평가를 하기 전에 반드시 필요한 것이 목표입니다. 사람마다 조직마다 각기 목표를 가지고 있는데 이 목표를 정확하게 먼저 평가하지 않으면, 목표가 맞는가 맞지 않는가를 먼저 평가하고 그 목표를 먼저 설정하지 않으면, 우리가 하고 있는 이 일이 제대로 가고 있는지 거꾸로 가고 있는지를 알 수 없기 때문에 목표를 먼저 설정해야 합니다.

*출처: 대통령비서실 전직원 워크숍(2003. 3)

청와대 업무와 관련하여 왜 이 일을 하는지에 대한 개념 정의가 되어 있는지 의문입니다. 청와대도 연간업무계획의 개념을 도입해야 합니다. 그러나 한 번 계획을 세우면 불변계획이 되는 것이 아니고 두~세 달 지나서 다 뜯어 고쳐도 됩니다. 방향과 목표를 설정하고 일을 추진할 때와 그렇지 않고 일을 추진할 때는 일의 효과가 달라집니다. 방향, 중간 목표를 설정하고 일을 추진해 나가야 나중에 평가도 가능하게 됩니다. 업무계획의 수정, 증보 과정은 다음과 같은 효과가 있을 것입니다. 수석들이 자기 업무를 구석구석 환하게 보게 될 것이고, 과제관리가 과학적, 효과적으로 관리되고 시스템적으로 완성될 것입니다.

*출처: 수석보좌관회의(2004. 10, 2005.3)

# 지식경영 관련 대통령 말씀

협의의 지식정보를 잘 관리하는 곳은 대법원일 것입니다. 재판하고 끝내면 되는 것을 굳이 색인을 붙여서 축적하는 것은 다음에 참고로 쓰기 때문입니다. 어떤 정책이 올라오면 그 정책에 대한 역사가 없는 경우가 많습니다. 발생한 지 오래된 문제가 선례가 축적되어 있으면 시행착오를 거치지 않을 것입니다. 다 축적해 놓고 찾아보기 쉽게 만들어 있으면 됩니다. 장관이 "무슨 자료를 가지고 와봐" 하면 (힘들이지 않고 몇 개 자료만 찾아서) 즉시 보고하고, 그것을 종국에는 국민들에게까지 줄 수 있는 체제가 지식관리입니다. 내가 하고 있는 일을 다시 한 번 잘 다듬어서 다른 사람이 참고할 수 있는 것이 지식관리입니다. 이렇게 해 놓으면 ① (정리하고 만드는 것이 나는 힘들지만) 내 후임자에게는 아주 편리할 것, ② (이렇게 정리해 놓으면) 바빠서 놓칠 수 있는 문제를 챙길 수 있게 되니 불량을 방지할 수 있고, ③ (쓸데없이 찾고 새로 만드는 시간을 없애서) 업무시간이 줄어들면 보다 창의적인 업무를 할 여유가 생기며, ④ (업무를 축적하고 정리하다 보면) 내 업무 자체를 다시 평가해 볼 수 있습니다(자기 재학습, 자기평가).

＊출처: 지식관리포럼(2005. 8)

지식이란 문서(보고서)를 활용 가능하도록 정제해서 재가공한 것이기 때문에 문서관리카드 중심으로 구축해야 합니다. 그리고 별도의 공통적인 분류체계는 불필요하고 지식검색을 통해 개개인이 업무 특성에 맞는 분류체계를 가지고 있으면 됩니다. 다음에 참고자료로 활용하기 위한 목적으로 문서를 가공 및 정제해서 공유할 수 있게 한 것이 지식입니다. 문서관리가 있는데 지식관리를 별도로 해야 하는 이유는 문서가 바로 지식이 되는 것은 아니고 문서는 접근권한으로 묶여 있어 원칙적으로 공유할 수 없으니 지식으로 등록하여 누구나 공유 가능하게 하자는데 있는 것입니다. (원칙적으로) 문서관리카드가 없는 것은 지식으로서의 가치가 없는 것으로 간주되므로 문서관리카드에 지식등록(지식등록카드) 기능을 추가하고 대통령말씀, 업무편람, 언론홍보자료, 학습 및 참고자료, 인물정보 등은 지식관리 대상이 아니라 과제에 따라 별도관리해야 합니다. 지식검색 기능이 가장 중요합니다. 문서관리카드로 보고된 문서를 중심으로 별도의 분류체계 불필요하며 지식검색은 제목, 취지, 검색어를 이용한 자연어 검색이 가능하도록 하고, 검색이 잘 되려면 작성을 잘 해야 하므로 작성방법은 사용자 중심의 연구가 필요합니다.

*출처: 지식관리방안 토론회(2006.2.1)

# 상시 평가제도를 도입하는
# 글로벌 선진기업의 사례

최근 3~5년 사이에 글로벌 선진기업들이 평가방식을 근본적으로 혁신하고 있다. Forune 500대 기업 중 7~8%가 이미 '수시+개별' 인사평가제를 적용하고 있다는 통계도 발표되었다. 가장 대표적인 사례는 GE가 30년 동안 유지해온 상대평가 방식인 '10% 룰'을 폐지하고 절대평가 방식의 GE PD(Performance Development)로 전환한 것이다.

효율적인 인사평가방식으로 자리 잡았던 10% 룰은 년 1회 성과평가에 의해 선두그룹 20%, 중간그룹 70%, 하위그룹 10%를 구분하고, 선두그룹은 중간그룹의 2~3배에 달하는 연봉을 지급받는 한편, 하위그룹 10%는 회사를 떠나야 하는 전형적인 성과주의 방식이었다. 모바일 등을 통한 즉각적인 반응에 익숙한 새로운 직장인 세대에게 1년 1회, 상대평가 인사시스템은 맞지 않는다. 개인적 독창성을 중시하는 젊은 세대 직장인을 똑같은 잣대로 상대평가해서는 조직을 설득하고 변화시키기에 역부족이라는 지적도 제기됐다.

이에 따라 제프리 이멜트 회장 등 경영진은 2012년부터 GE 인사시스템 혁신을 추진하고 있다. 글로벌 전략컨설팅사인 맥킨지는 '성과의 미래'에서 상대평가로 인해 조직이기주의가 팽배하고 직원사기가

저하되는 등의 문제점을 안고 있었던 것은 공공연한 비밀이라고 지적한 바도 있다. 결과에만 초점을 두는 성과평가보다는 성과목표 달성과 역량개발을 동시에 드라이브하는 지속적인 관리프로세스인 성과관리가 필요하다는 것이다. 직원별 목표 달성 과정을 수시로 점검하고, 개선점과 새로운 목표를 제시한 뒤 달성 여부를 실시간으로 평가하는 방식이다.

목표라는 용어대신 우선순위를 사용하여 급변하는 경영환경에 따라 수시로 수정이 가능하도록 했다. 리더와 조직원 간 빈번한 대화를 통해 평가가 이뤄짐으로써 평가에 대한 신뢰를 높일 수 있다는 장점이 있다. 리더들의 경우 매주 금요일 오전은 다른 모든 일을 제쳐두고 상시평가에 전념한다고 한다. 직원 하나하나에 대해 리더들은 기업 및 조직에 미친 구체적인 비즈니스 임팩트 중심으로 평가를 한다. Continue는 긍정적인 인사이트, Consider는 개발이 필요한 인사이트로 구분하여 수용성을 높이도록 노력한다.

GE 회장은 리더들의 상시평가 인사이트를 토대로 리더들을 평가한다고 한다. 이런 평가 과정을 애플리케이션(PD@GE 앱)과 온라인채팅 등을 통해 디지털화하여 인사평가에 걸리는 시간과 비용을 크게 줄이고 있다. 기업컨설팅업체 액센츄어에 따르면 직원 1만 명 규모의 기업이 인사평가에 쓴 평균 비용과 시간은 지난해 기준으로 각각 3500만 달러와 200만 시간에 달한 것으로 집계됐다. GE 모든 직원들은 자신의 실적을 온라인시스템에 기록하고, 리더들은 기록된 실적을 검토하여 인사이트를 주고, 다시 직원들은 Consider할 인사이트를 토대로 자신의 역량을 개발하여 성과향상을 이루어 내는 선순환이 이루어지고 있는 것이다. 공자와 한비자 등 동양철학자들이 강조했듯이 이름에 걸맞은 책임을 다해야 한다는 순명책실(循名責實)의 지혜와도 같다.

＊출처: 유용미 이언그룹 부사장(2017.2.15 Naver 게시)

'성과를 높이는 평가방식의 변화,'

「한국경제신문」(2015.8.19) GE 연1회 평가서 상시평가로... 30년만에 인사혁신,'

저자의 GE임원 인터뷰 등

# 일의 기본 ❻
# 기록 관리는 의무이다

| PDCA 사이클 | Plan(Ideation) | Do | Check | Act |
|---|---|---|---|---|
| 이지원 일하는 방식의 기본 | (1) 꼼꼼하게 기록한다 | (2) 문서관리의 표준을 지킨다 | (3) 나의 일을 잘 분류한다<br>(4) 왜 일을 하는지 파악한다 | (5) 나의 일을 정리정돈한다<br>**(6) 기록관리는 의무다** |

**민대표:**

내 일을 잘 정리정돈 하여 지식경영이 된다면 더 바랄 것이 없을 것으로 생각했는데, 일의 기본(6)은 '기록관리는 의무이다' 로 정한 이유는 무엇입니까?

**강박사:**

노무현 대통령의 말씀을 직접 인용하는 것이 가장 설득력이 있을 것 같습니다.

"우리가 이렇게 해서 새 출발 못합니다. 기록물 관리부터 새롭게 하고, 지난날 자료를 모두 없애고 폐기하던 관습에서 벗어나 국민들 앞에 진상 공개하고 앞으로는 안 그러겠다고 맹세해야 합니다. 문서를 관리하는 과정에서 문제의식을 가지고 모범을 세우고 규범화하는 노력을 해야 합니다."[21]

**민대표:**

다행인 것은 이지원을 토대로 일하는 방식을 바꾸어서 업무 결과
는 물론 업무추진 과정까지 모두 기록되어 있으니 기록관리의 의무를
실천하기에 훨씬 수월했을 것 같습니다. 그럼에도 불구하고 별도로 기
록관리시스템을 구축한 이유는 무엇입니까?

**강박사:**

여러 차례 강조했지만 이지원은 청와대의 업무를 관리하는 시스템
입니다. 이지원 그 자체를 모두 기록으로 할 것인지 등에 대해서 상당
한 토론과 이견이 있었습니다. 결론은 대통령비서실 기록관리시스템
의 가장 중요한 기능은 전자적인 진본 유지가 가능하다는 것이기 때문
에 업무관리를 위한 이지원과는 별도로 구축해야 한다는 것입니다. 진
본기록이란 '업무수행과정에서 생산된 그대로이며, 변경 또는 변조되
지 않은 기록'을 말합니다. 특히 전자기록은 쉽게 수정이 가능하여 진
본의 유지가 어렵기 때문에, 기록관리시스템에서는 전자적인 진본을
유지하기 위한 여러 가지 기능을 구현했습니다. 그 중 대표적인 기능
이 기록을 영구보존패키지로 변환하는 과정입니다. 영구보존패키지
는 기록을 이루고 있는 파일과 관련 정보(예를 들어 기안자, 제목, 생
산일시 등)를 PDF(Portable Document Format)와 XML(Extended
Markup Language)이라는 표준 형식으로 변환하는 것을 말합니다. 이

렇게 영구보존패키지로 전환된 기록은 기록 1건이 1개의 패키지로 변환되어 관리가 용이하게 되고, 시간이 지나도 재생의 가능성이 높아집니다. 그리고 이렇게 변환된 기록의 활용내역이 모두 기록으로 남아 변경 또는 변조가 되지 않았다는 것을 시스템 상에서 확인할 수 있게 됩니다. 전자적인 진본관리는 호주, 영국 등 몇몇 전자기록관리 선진국에서만 구현된 기능으로, 현재 전자기록관리의 가장 큰 화두라고 할 수 있습니다. 참여정부 대통령비서실이 국내에서는 최초로 진본의 유지가 가능한 시스템을 구축한 것은 큰 의미가 있다고 할 수 있습니다.

**민대표:**

전자기록의 특성상 진본이 무엇인지에 대한 논란이 있을 수 있기 때문에 기록관리시스템을 별도로 구축한 것은 이해되지만, 그렇다면 일하는 사람들 입장에서는 이지원의 일하는 방식에 따라 일을 하고 나서 또 기록관리의 의무를 하기 위하여 별도의 일을 추가적으로 해야 하는 것처럼 보입니다. 맞습니까?

**강박사:**

이번에는 틀렸습니다. 참여정부 청와대 기록관리시스템의 특징은 업무관리시스템인 이지원에서 일한 내용을 한 번만 기록하면 자동으로 기록되도록 한 것입니다. 모든 내용을 잘 기록하는 것이 제일 중요하지만 그렇다고 방대한 내용을 기록하는 데 있어서 기록자의 편의성이 보장되지 않으면 그 과정은 고통의 연속일 수밖에 없기 때문입니다. 기록관리시스템에서는 문서보고 시 기록이 자동적으로 이루어지도록 구성함으로써 업무담당자의 업무 부담을 획기적으로 감소시켰습니다. 〈그림 29〉에서 보듯이 문서관리카드 하단 '관리속성부'에서 기록유형을 선택하면 보존기간과 비밀분류가 자동적으로 입력되게 되어 있습니다. 미리 각 부서의 업무를 모두 분석, 유형별로 분류하였고 (기록관리 템플릿), 새로운 기록유형에 대해서는 신규로 등록하도록 배려했습니다. 업무담당자는 문서관리카드로 보고서 작성 시 몇 번의 클릭만으로 자신의 보고서가 자동기록 되는 시대가 된 것입니다.

### 〈그림 29〉 문서관리카드 하단 관리속성부

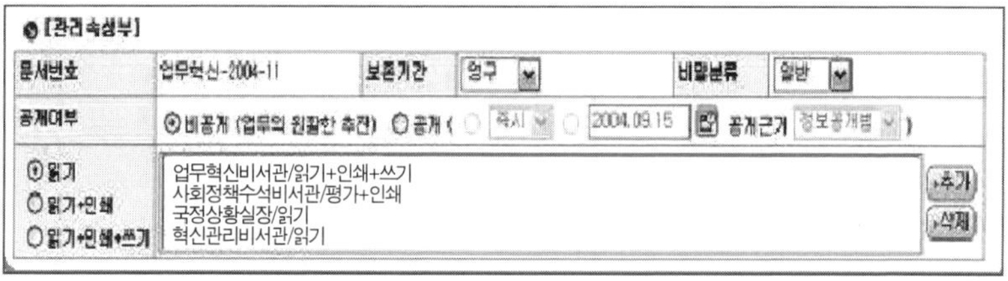

기록관리를 담당하고 있는 기록관리비서관실의 입장에서도 기록으로 획득되어 관리되지 않던 이지원, 각종 개별 업무시스템, 홈페이지 등의 기록을 누락 없이 획득하고 안정적으로 관리할 수 있는 기반이 구축되었습니다. 또한 캡슐화, 인증, 감사추적 등의 기능이 구현됨에 따라서 관리대상 기록에 대한 진본성 유지 기반 확보가 가능하게 되었으며, 기록인수, 기록재평가, 정보공개 등의 업무가 전자적으로

처리됨에 따라서 수작업에 의존할 수밖에 없었던 업무부담이 크게 감소되었습니다. 대통령 말씀록, 행사기록관리기능이 구현됨에 따라서 대통령 관련 기록의 체계적인 축적 및 관리가 가능해지고, 부적절한 유출의 위험 요소도 제거되었습니다. 한편 기록관리시스템의 주안점은 업무과정을 그대로 기록화하는 것이었습니다. 이를 위해 가장 시급한 문제가 이지원의 업무분류체계와 신전자문서시스템(전자결재)의 기록물분류기준표 등 상이하게 적용되는 분류체계를 통합하는 것이었습니다. 이 사업을 통해 이지원의 업무분류체계가 그대로 기록물분류체계에 반영되도록 했습니다. 이지원에서 단위과제를 하나 만들 때마다 자동으로 신전자문서시스템의 단위업무를 생성하게 하여 동일한 분류체계가 만들어지도록 하였으며, 이렇게 동일한 분류로 생산된 양 시스템의 기록은 기록관리시스템으로 이관되면 하나의 단위과제로 통합하여 관리되도록 했습니다. 이를 통해 분류체계를 이중으로 관리해야 하는 부담을 경감하였으며, 업무과정에서 생산된 기록을 그 생산시스템에 관계없이 업무의 진행순서대로 관리되도록 했습니다(〈그림 30〉 참조).

**민대표:**

업무 추진과정과 결과물을 모두 그대로 기록하되, 클릭 하나로 자동 기록되도록 했다니 정말 놀랍습니다. 그렇지만 이지원에는 일정, 업무구상 등 문서관리카드를 사용하지 않은 기록들도 상당히 많을 것 같은데요. 이런 것들은 어떻게 기록으로 관리했는지 궁금합니다.

## 〈그림 30〉 참여정부 대통령비서실 기록관리의 모습

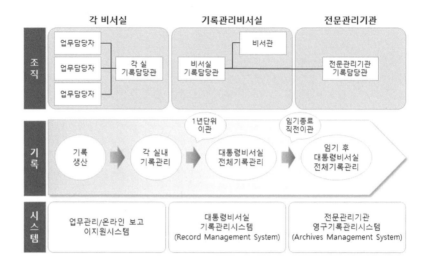

**강박사:**

아주 중요한 지적을 했습니다. 이지원에서 생성하는 다양한 기록
들을 통합적으로 관리하도록 고민을 했습니다. 과거에는 기록은 결재
권자의 서명이 들어간 공문서만이라는 주장도 있었으나, 기록이란 공
공기록물법에서 정의한 바와 같이 '공공기관이 업무와 관련하여 생산
또는 접수한 모든 형태의 기록정보자료'를 말합니다. 따라서 기록을
관리하기 위해서는 다양한 형태의 기록에 대한 관리가 가능해야만 합
니다. 기록관리시스템에는 이지원에서 생산되는 단위과제, 각종 온라
인 보고서 등의 다양한 기록과 신전자문서시스템의 전자결재문서를
전자적으로 인계하는 기능을 구현했습니다. 그리고 개별적인 업무수

행을 위해서 사용 중인 각종 개별업무시스템의 기록을 인수하는 기능도 구현했습니다. 개별업무시스템 중 가장 대표적인 것이 청와대 브리핑(홈페이지)이라 할 수 있습니다. 청와대 홈페이지는 전용 수집프로그램(HTTrack)을 통해 기록화가 가능해졌으며, 2003년부터 2007년 2월까지 참여정부는 752만 5,653건[22]을 기록으로 이관했습니다. 역대 청와대 홈페이지의 기록이 없어서 외국의 사이트를 참조해야 했던 것에 비하면 커다란 발전이라고 할 수 있습니다.

**민대표:**

역시나 혁신적인 기록관리시스템을 구현했음을 알겠습니다. 그러면 기록관리시스템에 있는 것들은 모든 국민이 자유롭게 열람하고 이용할 수 있나요?

**강박사:**

이번에는 일부는 맞고, 일부는 틀렸습니다. 기록관리시스템은 관리중인 기록을 다양한 검색기능을 통해서 검색하고 필요시 적극 공개할 수 있는 기능을 구현했습니다. 제목, 생산기관 등의 관련정보를 이용한 검색 뿐 아니라 전문검색기능을 이용하여 검색이 용이하도록 했습니다. 특히 접근권한이 없어서 검색이 불가능한 기록은 열람신청 절차를 통해서 열람이 가능하게 하여 기록의 활용성을 극대화했습니다. 그리고 공개유예 사유가 경과하거나 기타 환경의 변화로 공개가 필요한 시점에서 즉시 재분류가 가능하도록 했습니다. 아울러 기록관리시

스템 구축사업의 일환으로 추진된 정보공개보호시스템을 이용하여
기록관리시스템에서 관리 중인 기록을 공개할 필요가 있을 때는 전자
적으로 보호가 가능한 형태로 전환하여 위조 및 변조의 위험을 최소화
할 수 있도록 했습니다.

**민대표:**

참여정부 청와대에는 모든 업무를 관리하는 이지원과 거기서 생성
된 것들을 기록으로 관리하는 기록관리시스템, 이렇게 크게 두 가지
시스템이 있는 것으로 이해해도 되나요?

**강박사:**

하나 더 있습니다. 바로 정부가 바뀔 때마다 있는 인계인수 관련된
시스템입니다. 기록관리시스템은 기록물 관리를 위한 것이기 때문에
다음 정부에서는 사용할 수 없고, 또 이지원도 정부가 바뀌어도 모든
것을 그대로 사용하도록 하기에는 여러 가지 이슈가 있습니다. 청와대
업무 인계인수의 기본방향은 업무관리시스템 이지원의 자료를 최대
한 활용해서, 인계자 측면에서는 5년간의 성과와 정책추진이력을 정
리할 수 있는 계기가 될 수 있도록 하고, 인수자 측면에서는 업무과정
에서 생산된 자료의 인수를 통하여 정책추진 이력을 제대로 파악할 수
있도록 하는 것을 원칙으로 했습니다.

인계기관의 범위는 이지원을 사용하는 대통령비서실과 국정과제
위원회로 한정하고, 인계자료는 비서실과 국정과제위원회 생산문서

(기록물이관 자료 중 접근제한 기록 제외), 백서 등 정책평가 및 정책 연속성 등을 기대하여 만든 자료, 부서별 업무현황 및 비서실 운영에 필요한 현황자료 (매뉴얼 등), 오프라인에서 만든 참고자료(외부자료 및 구상단계의 자료) 등으로 정했습니다.

### 〈그림 31〉 청와대 차기정부 업무 인계인수 절차

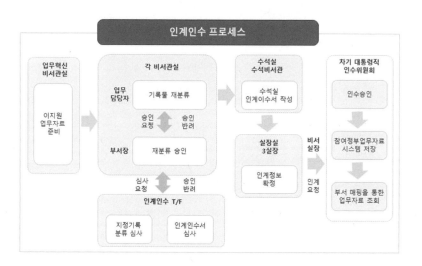

청와대 업무 인계인수절차는 〈그림 31〉에서 보듯이 인계추진체계 구축, 사전 준비작업 단계(차기대통령 당선자 확정 6개월 前부터~당 선자 확정 시점까지), 법률상 대통령직 인계인수 단계(당선자 확정 시 점부터~차기 정부 출범직전까지)로 구분할 수 있습니다.

첫째, 인계추진체계 구축 및 사전준비단계에서는 차기대통령 당선 자 확정 6개월 전부터 총무비서관실, 업무혁신비서관실, 기록관리비서관실, 정책조정비서관실 등을 중심으로 인계인수 T/F팀을 신설하여 운영하고, 당선자 확정시점까지 활동하게 됩니다. 인계자료 정리는 사용자의 불편과 중복작업을 피하기 위해 기본적으로 기록이관을 위한 지정기록여부 및 공개여부 분류작업을 기반으로 합니다. 인계자료 정리가 끝나면 인계인수서를 작성하고 기초자료까지 함께 볼 수 있도록 처리절차를 표준화하고 시스템화하게 됩니다.

둘째, 법률상 대통령직 인계인수 단계는 당선자 확정 후부터 취임까지 실질적 인계인수 행위가 이루어지는 시기로, 인계자측과 인수자측이 공동으로 '인계인수팀'을 구성합니다. 인계인수팀은 대통령비서실장과 당선자 측 인수팀장을 포함, 적정인원으로 구성하며, 전체회의와 실무협의회를 운영합니다. 전체회의는 주1회 정기적으로 개최하고, 실무협의회를 통하여 실질적인 인계인수가 진행되도록 합니다. 이러한 일련의 과정이 끝나면 참여정부 대통령비서실의 업무는 고스란히 다음 정부 대통령비서실로 이관됩니다. 이 시스템을 통하여 국정운영의 연속성과 투명성이 획기적으로 제고될 것으로 기대하였고, 이는 대한민국 정부역사에서 유례가 없던 일이었습니다.

# 대통령 기록물 관리에 관한 법률 제정

대통령 기록물의 보호·보존 및 활용 등 기록물의 효율적 관리와 대통령 기록관의 설치·운영에 필요한 사항을 정하기 위해 법률 제8395호로 제정되어, 2007년 4월 27일 공포되었다. 이 법 제정 이전에는 '공공 기관의 기록물 관리에 관한 법률(현행 '공공 기록물 관리에 관한 법률')'에 대통령 기록물 관리에 필요한 사항이 규정되어 있었으나, 국가 주요 기록물인 대통령 기록물의 체계적이고 전문적인 관리를 위해 별도로 입법되었다. 대통령 기록물 관리법은 총칙, 대통령 기록 관리 위원회, 대통령 기록물의 관리, 대통령 기록물의 공개·열람, 대통령 기록관의 설치·운영 등에 관한 사항을 규정하고 있다.

대통령 기록물 관리법은 대통령 기록물의 관리 및 보존에 필요한 제반 사항을 규정하고 있을 뿐만 아니라, 대통령 기록물을 국가 소유로 규정하고 있어, 그동안 사각 지대에 속해 있던 대통령 기록물을 체계적으로 보존·활용할 수 있는 제도적 기반이 마련되었다.

＊출처: 『기록학용어사전(2008)』 한국기록학회 저

# 마지막 공들였던 기록물 이관

참여정부에서 세 번째 일하게 된 것은 참여정부 임기가 두달 여 남았을 때였다. 대통령은 마지막 인사수석비서관에게 임명장을 주시며 "미안하고 감사하다"고 하였다. 왜 미안했는지, 그리고 감사했는지는 미처 물어보지 못했다. 그 즈음에 MBC에서 〈청와대 사람들〉이라는 특집 프로그램을 촬영하고 있었는데, 임명장을 받으려고 기다리고 있는 나에게 임기 마지막인데 왜 다시 청와대에 왔느냐고 질문하였다. 나는 "참여정부의 시작에 인수위원으로 함께 일했었는데, 마무리도 함께 할 수 있어서 감사하게 생각한다"고 동문서답을 하였다.

참여정부의 마지막 인사수석실은 대통령기록물관리법에 따라 대통령지정기록으로 분류할 것과 열람대상, 기간 등을 정하는 작업을 하느라 바빴다. '기록물의 누락 없는 이관'을 강조한 대통령의 지시에 따라 문서, 회의자료 뿐 아니라 각종 관련 기록들도 분류하여 정리하였다. 사진에 대해서도 시간이 지나면 누구인지 확인할 수 없게 된다고 단체 사진 속 인물들의 이름과 직함까지 일일이 확인하여 기록하였다.

그런데 인사수석실에는 공식적인 인사추천 회의 자료나 인사제도 자료 뿐 아니라, 인사 대상 후보자에 대한 검증자료나 평가서 등 논란의 소지가 될 문서들이 많았다. 시간이 지나 이러한 평가자료들이 공개되었을 때 뜻하지 않은 문제가 생길 가능성도 배제할 수 없어, 기록물 지정 대상의 범위나 공개 또는 비공개의 기준과 기한, 열람자 범위에 대해 의견을 모으기가 쉽지 않았다. 그래서 인사수석실의 기록물 이관범위와 기준에 관해 대통령의 의견을 구하니, "비공개로 지정된 기록물에 대한 열람이 가능해질 20년, 30년 후가 되면, 설사 문제가 되더라도 우리는 이미 다 없을 테니 괜찮다. 빼지 말고 그대로 다 이관하라"고 농담처럼 이야기하였다. 대통령은 우리가 떳떳하게, 최선을 다해 일했다고 확신했던 것 같다. 또 혹시 나중에 논란이 된다 하여도 이런 기록들이 후대에 더 발전된 역사를 만들어 갈 수 있을 것이고 생각하였을 것이다.

하지만 안타깝게도 기록물관리법을 만들고, 시간과 공을 들여 기록물을 정리하고 이관한 이 일들은 더 이상 다음 정부로 이어지지 못하였고, 얼마 지나지 않아 전임자가 된 대통령의 발목을 잡는 시작이 되어버렸다.

* 출처: 참여정부 인사수석 정영애의
'더불어 함께 사는 세상을 꿈꾸었던 참여정부' 中, 『대통령 없이 일하기(2017)』

4

일의 기본 실천을 위한 지혜들

# 4. 일의 기본 실천을 위한 지혜들

세상은 변하고 있다. 민주주의에 대한 국민들의 인식도 크게 변하고 있다. 이제 공직사회가 변화해야 할 차례이다. 4차 산업혁명시대에 맞는 공직사회의 일하는 방식이니 인공지능 시대에 맞는 유행을 찾기 이전에 공정하고 투명하게 민주적으로 의사결정이 이루어질 수 있도록 일하는 방식을 실천할 때이다.

이미 민주주의관료행정시스템이 구현되어야 한다고 주장한 경우도 있다. "지금의 민주주의에서는 정치인이나 정부가 모든 의사결정을 하고, 국민들은 결정된 의사를 통보 받는다. 전자민주주의(e-democracy)가 오면 의회와 정부가 중요한 정보를 국민과 공유하고 교환하며 국민들이 의사결정과 조정, 평가 과정에 참여한다. 정보통신의 발달로 개개인의 정치 참여가 손쉽고 값싸게 이뤄지기 때문이다. 투표장에 가지 않고 눈동자로 본인을 확인하는 휴대전화 투표나 전자투표로 모든 중앙·지방정부의 정책결정에 참여한다. 다양한 토론의 장, 국민 의사를 조절하는 메커니즘이 개발된다. 의사결정이나 정보유통의 과정과 결과가 잘 저장돼 언제든지 누가 어떤 결정을 내렸는지 알 수 있다. 국회의 힘이 빠지면서 국가의 의사결정이 급속히 '인터넷 커뮤니티' 나 공무원 테크노크라트에게 돌아가며 시민사회의 역할이 커진다. (중략) 민주주의관료제행정시스템은 그동안 도저히 합일시키지 못하고 있던 관료제와 민주주의를 과학의 발달로 인해서 합일시킨 것이다. 행정부의 정보처리기술을 획기적으로 높여서 행정부가 수직적 의사결정시스템인 관료제를 그대로 유지하면서도 수평적인 의사결정과 같은 효과를 낼 수 있도록 하게 하는 디지털행정시스템이다." [23]

이러한 일하는 방식이 구현되기 위해서는 이지원과 같은 시스템에 의한 국정 운영 플랫폼이 정상적으로 작동될 때 가능해질 수 있다.

**민대표:**

지금까지 이지원에서 원하는 일의 기본 여섯 가지를 살펴봤는데요. 최소한 공직사회 구성원들은 꼭 지켜야만 한다고 생각합니다. 참여정부가 정부혁신을 강조하면서 이지원도 그 중의 한 과제로 추진되었다고 알고 있는데 이에 대해 좀 더 설명해 주세요.

**강박사:**

참여정부 대통령비서실의 업무관리시스템 이지원은 청와대라는 특정 국가기관의 일하는 방식을 디지털화 했다는 단순한 사실에 그치지 않는다는 점을 강조하고 싶습니다. 노무현 대통령이 원했던 시스템민주주의를 먼저 청와대에서부터 실험한 것이며, 이러한 정신이 각 분야에 파급되면 인치(人治)가 사라지고 원칙과 효율에 의한 시스템이 자리 잡게 될 것이라고 기대했던 것입니다.

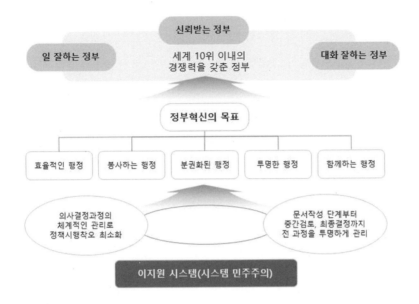

**〈그림 32〉 정부혁신 목표와 이지원**

**민대표:**

이지원의 일하는 기본 6가지가 궁극적으로 시스템 민주주의를 구현하기 위한 것임을 강조하셨는데요. 참여정부의 정부혁신 목표 달성을 위해 이지원이 어떻게 기여했는지 좀 더 자세히 설명해 주시면 좋겠습니다.

**강박사:**

네. 〈그림 32〉에서 보듯이 참여정부의 정부혁신 목표는 효율적인 행정, 봉사하는 행정, 분권화된 행정, 투명한 행정, 함께하는 행정을 통해 일 잘하는 정부, 신뢰받는 정부, 대화 잘 하는 정부를 만드는 것이었습니다. 한편 3장에서 설명한 이지원의 일하는 기본 6가지는 문서작성 단계부터 중간검토, 최종결정까지 의사결정의 전 과정을 투명하게 체계적으로 관리하여 정책의 시행착오를 최소화하는 것이 목표이었습니다. 그래서 이지원은 정보의제관리-문서관리-과제관리-지식관리-기록관리를 통해 사람에 따라 일의 방식이 달라져서 생길 수 있는 비효율과 부조리를 최소화하려고 했던 것입니다. 즉 시스템에서 정한 표준과 프로세스에 따라 각자가 맡은 바 일에 최선을 다 하고, 시스템에 기록된 실적을 토대로 공정하게 평가받고, 시스템을 잘 활용하여 각자가 일하는 가치를 지속적으로 높여 나가게 되면 자연스럽게 시스템 민주주의가 구현된다는 것입니다. 여러 가지 논쟁이 있을 수 있겠지만 참여정부는 이렇게 시스템 민주주의가 바탕이 되어야만 정부혁신의 목표가 제대로 달성될 수 있을 것이라는 믿음을 가지고 있었습니다. 그래서 이지원을 기준으로 공직사회의 일하는 방식을 혁신하는 데 많은 시간과 노력을 투자했던 것입니다.

저는 참여정부 대통령비서실에서 처음 3년은 이지원의 철학을 이해하고 가장 편리하게 활용할 수 있는 시스템을 개발하면서 청와대 내부 변화관리에 초점을 두었고, 다음 1년은 중앙부처로 이지원을 확산하는 일을 리드했었습니다. 10여 년이 지난 지금 다시 한번 반성하게 된 가장 핵심적인 것은 변화관리를 위해 더 많이 고민하고 더 많은 노력을 하지 못 했다는 것입니다. 지금 설명한 시스템 민주주의 철학만

해도 그 당시 과연 얼마나 많은 공직사회 구성원들이 그 철학을 이해하고 공감했을까 돌이켜 생각해보면 더욱 더 반성이 많이 됩니다. 그런 관점에서 4장은 이지원이 원하는 일하는 기본에 대해 가능한 많은 사람들이 공감할 수 있도록 다양한 사례들을 소개하고자 합니다.

**민대표:**

이지원이 추구한 시스템 민주주의 핵심을 한마디로 하면 무엇이라고 생각하십니까? 또한 시스템 민주주의가 구현되어야만 한다고 생각하시는지? 그렇다면 그 이유가 무엇인지를 설명해 주세요.

**강박사:**

시스템 민주주의는 전자민주주의와 유사한 개념이라고 생각합니다. 노무현 대통령이 참여정부 청와대 업무관리시스템 이지원을 구상하면서 편의상 사용한 표현으로 행정업무의 정보처리과정을 시스템화하여 정책의 투명성과 책임성을 높이고, 일하는 모든 것은 기록하고, 공유와 공개를 원칙으로 내부업무를 관리하고 이를 기반으로 국민들의 참여를 넓혀 나가는 참여민주주의를 구현하려고 한 것이 시스템 민주주의 핵심이라고 저는 생각합니다. 여기서 시스템화는 이지원의 경우 정보처리과정에서 문서관리카드와 과제관리카드를 통해 일하는 방식을 표준화하고 프로세스를 정립하여 IT시스템으로 구현했다는 것을 의미합니다. 이 중에서도 핵심 키워드는 기록, 공유, 공개, 참여라고 할 수 있습니다.

그리고 이제는 시스템 민주주의가 구현되어야 할 때라고 생각합니다. 최소한 공공부문에서는 시스템 민주주의가 반강제적으로라도 구현 되어야 합니다. 물론 공공부문 구성원들이 자발적으로 시스템 민주주의에 동참하는 것이 가장 최선이겠습니다. 그래야만 진정한 정치적 민주주의가 구현될 것이고, 정책의 품질과 행정의 효율성이 극대화될 것이기 때문입니다.

**민대표:**

맞습니다. 구글(Google)의 경우 외부로 나갔을 때 법적인 문제가 없다면 일과 정보 모두를 공유하고 있고, 프로젝트도 모두 공개해놓고 참여할 사람들을 모집한다고 들었습니다. 최근 에어비앤비(AirBnB), 우버(Uber) 서비스 등의 공유경제(Sharing Economy) 비즈니스들이 새로운 트렌드로 부각되고 있는 것 또한 시스템 민주주의가 이제 시대적인 트렌드가 되어가는 것 같습니다. 박사님 생각은 어떠신지 궁금합니다.

**강박사:**

저도 동의합니다. 그러나 이미 언급하셨듯이 시스템에 의한 일하는 방식이 강제적으로 정착될 수는 없을 것입니다. 적어도 공공부문에 근무하는 많은 사람들이 이런 것들을 시대정신으로 받아들여야 할 것입니다. 이를 위해서는 이지원의 일하는 기본 여섯 가지가 이미 동서양의 학자들이 일 잘하는 방식으로 제안한 것들과 크게 다르지 않다는 것을 인식해야 합니다. 물론 3장에서 설명한 여섯 가지 일하는 기본 하나하나에 대해 모두 그 근거를 찾을 수는 없겠지만, 최소한 유사한 개념들이 이미 통용되고 있다면 이지원을 적용했던 10여 년 전과는 달리 변화관리가 더 잘될 수 있을 것이라고 생각합니다.

경영학의 구루인 피터 드러커가 자기경영노트를 토대로 『일 잘하는 사람의 6가지 원칙』[24]을 정리한 책이 있는데 그 내용을 소개하고자 합니다. 이지원의 일하는 기본 6가지와 관점이 일부 다른 면도 있지만 많은 지혜를 준다고 생각합니다.

피터 드러커의 6가지 원칙은 다음과 같습니다.

(1) 자기관리, 생각부터 바꿔라!

(2) 마케팅, 먼저 고객의 의미를 제대로 알아야 한다!

(3) 전략적으로 움직여야 한다! (나의 강점을 찾아라!)

(4) 목표관리, 우선 무엇을 위해 일하는지 자각하라!

　(목표관리, 과정이 중요하다!)

(5) 조직관리, 회사를 어떻게 움직일지 원칙이 필요하다!

　(책임감이 곧 동기가 된다.)

(6) 이노베이션, 새로운 가치창출을 고민하라!

이지원과 유사하게 피터 드러커도 목표관리 측면에서 내가 무엇을 위해 일하는지 인식하고, 과정을 잘 관리해야 한다는 것을 강조했습니다. 기업경영에 대한 얘기지만 전략의 진행정도를 파악하는 시스템을 구축해야 한다는 것은 이지원의 철학과 같다고 생각합니다. 계획을 실행하는 시스템과 실행을 체크하는 시스템, 그리고 결과를 평가하는 시스템, 여기서 나온 결과들을 반영해 수정하는 시스템이 필요하다는 것입니다. 이러한 과정관리를 통해서 지금 하고 있는 일 중에서 우선순위가 낮은 것, 활용하지 않는 것부터 순서대로 체계적으로 버려야 합니다. 과정관리를 잘 해야만 관행대로 하던 일을 개선하고 혁신할 수 있는 것입니다. 이지원이 행정업무의 모든 과정을 시스템으로 표준을 만들어 관리한 이유도 바로 여기에 있다고 생각합니다. 피터 드러커는 기업경영에서 생산은 재료를 기계에 집어넣는 것이 아니라 일을 논리적으로 진행하는 것이라고 강조했습니다. 일의 과정을 잘 관리해야 하는 이유입니다.

**민대표:**

피터 드러커가 강조한 목표관리 또한 매우 중요하다고 생각합니다. 일하는 사람 입장에서 시스템에 의한 일하는 방식 혁신이 정착되기 위해서는 계획-실행-평가-피드백의 모든 과정이 민주적으로 관리되어야 한다고 생각합니다. 사실 이것이 이지원의 과제관리에서 추구한 가장 중요한 내용이 아니가 싶습니다. 제가 잘 이해하고 있는 건가요?

**강박사:**

네. 아주 잘 이해하고 있습니다. 이지원의 과제관리시스템은 피터 드러커가 강조한 목표관리를 계획대비 실적관리는 물론 목표 달성을 위해 일하는 과정 또한 일지형태로 관리할 수 있도록 해서, 계획-실적-

평가-피드백이 모두 과제단위로 이루어지도록 한 것이 특징입니다. 또한 내가 수행하는 과제가 조직 전체의 기능 및 목표와 어떠한 관계가 있는지를 파악할 수 있도록 기능별 업무분류체계와 목표별 과제분류체계를 정의하여 언제든 내 과제에 대한 이력(History)과 관계성(Context) 속에서 맥락을 잘 파악할 수 있도록 했다는 것도 특징이라 하겠습니다.

**민대표:**

감사합니다. 다른 전문가들의 이론을 같이 설명에 주시니 더욱 이해도 쉽고 공감도 높아지는 것 같습니다. 추가로 이지원과 유사한 다른 사례가 있으시면 말씀해 주세요.

**강박사:**

구글은 '구글 아이디어(Google Idea)' 라는 인트라넷을 적극 활용하고 있다고 합니다. 구성원은 신상품 및 기존 상품 개선 아이디어가 있으면 구글 아이디어라는 사내 인트라넷에 자신의 아이디어를 올리고, 동료들은 게시된 아이디어의 실용성에 대한 의견을 달게 됩니다. (예: 0=실행시 매우 위험 ~ 5=매우 훌륭함) 또한, 이렇게 게시된 아이디어들은 경영진과의 주간 미팅 등을 통해 충분히 논의되고, 우수한 아이디어는 '20% Time' [25]과 같은 프로젝트로 연계되어 추진됩니다. 실제로 구글 아이디어에 게재된 상당수의 아이디어들은 상품으로 출시되는 등 결실을 맺고 있습니다. 동시 번역, 음성·영상 통화 기능 등을 갖춘 'Google Talk', 개인 맞춤형 홈페이지 'Google Homepage' 등이 바로 구성원의 아이디어에서 시작되어 상품으로 빛을 본 예라고 합니다. 마치 이지원의 '나의구상' 기능과 유사하다는 생각이 듭니다. 물론 이지원에서는 다른 구성원들이 의견을 달도록 하지는 않았습니다만, 아이디어 구상단계부터 모든 것을 시스템으로 관리하고자 했던 것은 상당히 앞선 개념이라는 생각이 듭니다. 아마도 그렇기 때문에 아이디어 구상단계를 제대로 활용하는 사람들은 그리 많지 않았던 것이라고 생각합니다. 저 자신도 아이디어 구상을 잘 활용해서 일을 해보려 했지만 크게 성공적이진 않았다고 봅니다.

구글의 '20% Time'에 대해 더 설명하면, 구성원들이 자신의 아이디어를 기반으로 한 프로젝트의 추진을 독려하기 위한 제도인데요. 구성원은 일주일에 하루는 업무와 직접적인 관련은 없더라도 '자신의 번뜩이는 아이디어를 직접 실험할 수 있는 프로젝트'에 시간을 투자할 수 있는데, 이러한 자신만의 프로젝트를 진행하는 것 자체가 구성원에게는 '나의 일이다'라는 주인의식을 심어주고 있다고 합니다. 우선, 아이디어를 갖고 있는 구성원은 간단한 제안서를 작성하는데, 구글의 미션 및 목표에의 부합 여부 정도만 심사하여 프로젝트 진행 여부를 결정하게 됩니다. 승인을 받은 구성원은 자신이 프로젝트 오너(Owner)가 되어 함께 일할 팀 동료들을 모집하며, 팀 스스로 프로젝트의 목표 및 기간 등을 설정하면서 진행하게 됩니다. 프로젝트 결과는 경영층 및 동료에게 공개하며, 성공한 프로젝트에 대해서는 상사 또는 동료의 추천 등을 반영하여 포상하게 됩니다. 이러한 구글의 '20%

Time'에서 출발한 소규모 팀 기반의 완결형 프로젝트는 혁신적 아이디어가 신속하게 성과물로 결실을 맺는 데에 유용한데, 예컨대 구글맵(Google Map)은 아이디어의 구상에서 출시까지 불과 8개월 밖에 소요되지 않았다고 합니다.[26] 참여정부에서는 여기까지 시도하지 못 했지만 이지원의 업무구상 단계를 활성화하기 위해서는 공공부문에서도 '20% Time'과 같은 정책아이디어 발굴 제도를 도입하는 것도 바람직할 것 같습니다.

**민대표:**

가능하면 일반국민들도 함께 참여할 수 있도록 정책아이디어 구상 단계를 개방적으로 운영하는 것도 생각해 볼 필요가 있습니다. 정책의 대상자인 국민들 입장에서 정책 개선 또는 신규 정책 아이디어를 제안할 수 있는 기회를 주고, 또 공직에서 제안한 정책 아이디어에 대해 국민들이 추가적인 의견을 보태서 더욱 실효성 있는 정책이 입안될 수 있도록 한다면 금상첨화일 것으로 보입니다. 소비자들이 상품에 대한 아이디어를 제안하고, 기업에서는 생산전문가들이 그 아이디어를 상품화하는 프로슈머의 과정과 유사하게 개방적인 정책구상단계를 만드는 것도 확대되어야 한다고 생각합니다.

**강박사:**

자연스럽게 시대적 요구에 맞게 이지원의 개선 방향까지 제시되는 것 같아 아주 좋습니다.

이지원의 메뉴는 일정-나의구상-나의업무-부서업무로 구성되어 있는데, 업무처리의 모든 과정에서 가장 중요하게 강조되는 것은 기록입니다. 미사키 에이치로는 『노트 3권의 비밀』[27]에서 일 잘하는 사람은 노트에 무엇을 적을까에 대해 설명하고 있습니다. 이 중에서 일의 기본(1) '꼼꼼하게 기록한다'와 관련한 지혜를 몇 가지 소개하고자 합니다. 에이치로의 노트 3권은 문득 떠오른 착상을 위한 메모노트, 정보의 기지인 모함노트, 그리고 업무진행을 위한 스케줄노트로 정의합니다. 일 하는 사람의 성공 여부는 노트 사용법, 즉 기록하는 태도에 달려 있다고 강조합니다. 자신의 경험을 잘 갈무리해두는 사람은 경험에서 깨달은 지식을 자신의 성장으로 연결할 수 있기 때문입니다. 새로운 업무기술을 계속 배워나가는 노력도 중요하지만, 그것보다는 그것들을 기록하여 자신의 지식으로 온전히 흡수하는 것이 더 중요하다는 것입니다. 머릿속에 저장되는 기억 이외에 반드시 기록도 병행해야만 특정한 시기의 경험을 제대로 보관해 둘 수 있기 때문이라고 합니다. 이지원이 강조하는 시스템 민주주의와 다른 점이 있다면 에이치로는 디지털시대에도 직접 손으로 써나가는 아날로그 감각이 참신한 아이디어 창출에 도움을 준다고 주장하는 것입니다. 이 점에 대해서는 사람마다 다를 수 있다고 생각합니다. 스마트폰이 항상 곁에 있는 시대이므로 녹음이나 동영상 및 사진 촬영 기능 또한 쉽게 기록의 수단으로 활용할 수도 있습니다. IT기술이 발전함에 따라 어떻게 기록한 것이라도 필요시에 디지털화하여 시스템에 등록할 수 있을 것이기 때문에 각자의 성향에 따라 어떠한 방식으로든 꼼꼼히 자신이 하는 일들을 기록하는 것이 가장 중요한 관건이라고 생각합니다. 이지원도 앞으로 다양한 기록의 수단을 편리하게 수용할 수 있도록 시스템을 고도화할 필요가 있을 것입니다.

**민대표:**

노트 3권의 비밀이 주는 지혜를 들으니 메모를 좋아하는 일본인들의 특성이 담겨 있는 것 같습니다. 이지원과는 관점이 조금 다른 측면도 있는 것 같은데 이지원과 연결시켜 설명 부탁드립니다.

**강박사:**

노트 3권과 이지원을 연결시켜 보면, 메모노트는 나의구상, 모함노트는 부서업무의 과제카드, 스케줄노트는 일정과 유사하다고 생각합니다. 이지원은 노트 3권을 보다 편리하게 시스템으로 관리한다는 것이 특징인데, 에이치로는 아무리 IT기술이 발전해도 노트는 필요하다고 주장한다는 측면에서 노무현 대통령과 다른 관점인 듯합니다.

기록과 관련해서 저는 다산 선생이 주신 지혜를 인용하고자 합니다. "눈으로 입으로만 책을 읽지 말고 손으로 읽어라. 부지런히 초록하고 쉴 새 없이 기록하라. 초록이 쌓여야 생각이 튼실해진다. 주견이 확립된다. 그때그때 적어두지 않으면 기억에서 사라진다. 당시에는 요긴하다 싶었는데 찾을 수가 없게 된다. 열심히 적어라. 무조건 적어라. 부지런히 메모해라. 쉬지 말고 적어라. 기억은 흐려지고 생각은 사라진다. 머리를 믿지 말고 손을 믿어라. 메모는 생각의 실마리다. 메모

가 있어야 기억이 복원된다. 습관처럼 적고 본능으로 기록해라." [28]

**민대표:**

다산 선생님의 지혜를 들으니 이지원 나의구상에 수시로 초록을 남기는 것이 바람직한 기록 방법이라는 생각이 듭니다. 비정형 업무를 하는 대부분의 사람들은 다른 사람이 작성한 보고서나 책 등을 많이 읽을 수밖에 없는데, 그때마다 떠오르는 생각들을 메모하고, 다시 보거나 생각해야 할 내용들은 초록을 남기는 습관을 들여야 할 것입니다. 스마트폰의 사진기능을 활용하면 초록을 직접 기록하지 않고 해당하는 부분만 사진을 찍어서 시스템에 등록하는 것도 방법일 것입니다. 이젠 사진, 스캔파일 등도 검색에 의해서 쉽게 찾을 수 있는 시대이기 때문에 다산이 얘기한 초록은 더욱 더 의미가 있다고 생각합니다. 물론 참여정부 당시 이지원을 정부부처로 확산할 때 만든 온-나라시스템에는 나의구상 기능을 구현하지 않았습니다. 앞으로 보완해야 할 부분이라고 생각합니다. 다산 선생의 지혜를 더 많이 배워야 할 것 같습니다.

**강박사:**

맞습니다. 〈그림 33〉에서 『다산 선생의 지식경영법』 [29]을 보면 노무현 대통령보다도 훨씬 더 시스템 민주주의적인 생각을 하신 듯합니다.

〈그림 33〉 다산 선생의 지식경영법

**〈그림 33〉 다산 선생의 지식경영법**

| | |
|---|---|
| 1강 단계별로 학습하라 | 꼬리에 꼬리를 무는 연쇄적 지식경영 |
| 2강 정보를 조직하라 | 큰 흐름을 짚어내는 계통적 지식경영 |
| 3강 메모하고 따져보라 | 생각을 장악하는 효율적 지식경영 |
| 4강 토론하고 논쟁하라 | 문제점을 발견하는 쟁점적 지식경영 |
| 5강 설득력을 강화하라 | 설득력을 갖춘 논리적 지식경영 |
| 6강 적용하고 실천하라 | 실용성을 갖춘 현장적 지식경영 |
| 7강 권위를 딛고 서라 | 독창성을 추구하는 창의적 지식경영 |
| 8강 과정을 단축하라 | 효율성을 강화하는 집체적 지식경영 |
| 9강 정취를 깃들여라 | 따뜻함을 잃지 않는 인간적 지식경영 |
| 10강 핵심가치를 잊지 말라 | 본질을 놓치지 않는 실천적 지식경영 |

1강부터 10강까지의 제목만 봐도 그 의미를 짐작하실 것입니다. 비록 당시에는 IT시스템이 없었던 시대이지만 개념적으로는 이미 기록, 공유, 공개, 활용, 협업 등을 통해 지식경영을 해야 한다고 설파하고 계십니다. 특히 다산 선생의 다음 말씀을 보면 이지원의 일하는 기본 여섯 가지는 실천은 어렵지만 바탕을 잘 다지는 첩경임을 의미한다고 생각합니다.

"내가 왜 이 자리에 있는가? 나는 어디로 가고 있는가? 또 무엇을 위해 살고 있는가? 이런 물음에 수시로 자문자답해 보아야 한다. 좌표를 설정하지 못 하면 망망대해에서 나침반 하나 없이 떠돌다 풍랑을 만나 좌초하고 만다. 물은 가장 빠르고 신속한 길을 따라 흘러내려 도랑을 만든다. 누가 시켜서 그런 것이 아니고 저절로 그렇게 된 것이다. 내가 말하는 지름길은 사실은 바른 길이다. 바른 길은 처음에 느려 보여도 결국은 더 빠르다. 돌아가는 길이 지름길이다. 바탕을 다지는 것이 질러가는 방법이다. 처음에는 느려 보여도 초반 이후에는 그 가속도가 엄청나다." [30]

**민대표:**

다산 선생 말씀대로 이지원은 돌아가는 것처럼 보이는 첩경이라고 저도 생각합니다. 다산의 지식경영 10강 제목만 보더라도 이지원의 일하는 기본 6가지와 일맥상통하는 점이 많음을 직관적으로 느끼겠습니다. 다른 점이 있다면 이지원은 정보와 업무의 처리과정 전체의 프로세스를 시스템화하고 일하는 방식을 표준화한 반면, 다산의 지식경영은 주제별로 핵심적인 지혜를 주는 형태라고 생각합니다. 이지원의 일하는 기본을 이해하고 공감하는 데 도움이 되는 다산의 지혜를 좀 더 소개해 주세요.

**강박사:**

그럼 이번엔 이지원 일의 기본(3) '나의 일을 잘 분류한다' 와 관련 있는 다산 선생의 지혜를 소개하겠습니다. 비록 이지원에서 요구하는 과제분류에 대한 것은 아니지만 유추해 보면 나의 일을 과제로 분류하는 지혜를 찾을 수 있습니다. 다산은 눈앞에 펼쳐진 어지러운 자료를 하나로 묶어 종합하는 과정, 휘분류취(彙分類聚)가 필요하다고 했습니다. 먼저 뒤죽박죽으로 섞인 정보를 갈래별로 나누고 종류별로 구분하라고 합니다(彙分, 휘분). 비슷한 것끼리 갈래로 묶고 교통정리를 하고 나면 정보간의 우열과 방향성이 드러납니다. 그래서 요긴한 것을 가려내고 긴요하지 않은 것을 추려내면 됩니다. 꼼꼼하고 면밀하게 따져서 쭉정이는 솎아내고 알맹이(核)만 남겨야 합니다. 그렇게 해야 무질서 속에서 질서가 드러나고, 안 보이던 것이 보이기 시작합니다. 그런 다음, 갈래별로 쪼개어 나눈 정보는 다시 큰 묶음으로 모아 하나의 질서 속에 편입시켜야 합니다(類聚, 류취). 이때 다시 통합된 하나는, 분류하고 취합하기 이전의 산만한 하나와는 성격이 전혀 다릅니다. 계통이 서서 구획이 나누어진 전체로 탈바꿈한 것입니다.

내가 하고 있는 일을 분류하는 과정도 이와 유사하다고 생각합니다. 내가 하는 일은 그저 그런 것이겠지 하며 뒤죽박죽으로 방치해서는 안 된다는 것입니다. 우선 내가 하고 있는 일들을 갈래별로 나누고 종류별로 구분하여 핵심적인 것만 남겨야 합니다. 다음에는 그것들을 보다 큰 묶음으로 모아서 하나의 단위과제로 정립해야 합니다. 다산선생이 주신 휘분류취의 지혜를 잘 적용하면 정부의 기능별업무분류체계도 한 단계 업그레이드 될 것이라고 생각합니다. 그러나 목표별 과제분류체계는 더 많은 휘분류취의 과정을 반복해야만 제대로 정립될 수 있을 것입니다. 정부부처의 기능은 비교적 모두가 공감하기 쉬운 기준이 있는 반면, 목표는 그 자체가 가변적이기 때문에 휘분류취의 과정을 최소한 2~3회 반복하면서 가능한 많은 사람이 공감하는 분류체계를 만들어야 하기 때문입니다.

정말 놀랍지 않습니까? 200여 년 전에 이미 다산 선생은 분류의 지혜를 이렇게 명료하게 제시했습니다. 세세하게 나누어서 쭉정이와 알맹이를 구분하고, 다시 크게 묶어 취합하여 생각하면 안 보이던 질서를 찾아 낼 수 있다는 지혜를 잘 적용해야 합니다. 이러한 지혜들을 더 찾아서 과제분류를 위한 구체적이고 과학적인 방법론을 제시하고 변화관리하여, 두 가지 과제분류체계를 지속적으로 발전시켜 나갈 수 있도록 상설 전담조직을 신설하는 것도 필요하다고 생각합니다. 이 조직은 과제분류체계를 토대로 계획수립-실적평가-피드백의 과정을 총괄 관리하는 역할도 수행하는 것이 바람직할 것입니다.

**민대표:**

일의 기본(3) '나의 일을 분류한다'에 대해서는 특별히 상설조직 신설까지 언급하신 것을 보니 참여정부 이후에는 정부의 기능분류 및 과제분류가 제대로 안 되고 있다는 것을 추측할 수 있겠습니다. 또한 정부의 기능 및 과제분류체계가 잘 정립되고 모든 구성원들이 제대로 이해하고 있어야만 일의 기본(4)가 강조하는 것처럼 자신이 하는 일이 정부의 목표와 어떠한 관련성을 가지고 있는지 등을 올바르게 파악할 수 있기 때문이라고 생각 합니다. 다음으로 소개할 다산 선생의 지혜는 무엇입니까? 상당히 기대가 됩니다.

**강박사:**

다산 선생은 편지에 의해 토론하는 것이 효율적이라고 강조하신바 있습니다. 저는 여기서 일의 기본(2) '문서관리의 표준을 지킨다' 와 관련된 지혜를 찾고자 합니다. 다산은 편지에 의한 토론이 주는 유익함을 세 가지로 정리했습니다.

질문을 던지는 사람이 이야기로 하는 것보다 편지로 쓰게 되면 의문점을 정확히 짚어내어 깊은 뜻을 점차 깨닫게 해 주는 것이 첫 번째 유익함입니다. 질문에 답하는 사람 또한 감히 쉽게 주장을 세우지 못하는 것이 두 번째 유익함입니다. 글 상자(편지함)에 남겨두어 뒷날에도 잊지 않게 해 주는 것이 세 번째 유익함(즉 오래 기억함)입니다. 토론과 논쟁을 토대로 여러 사람의 안목을 거쳐서 자신의 주장에 대한 객관성을 높이는 노력을 부단히 해야 한다는 것입니다. 또 잘못된 주장은 변명 없이 수긍하되, 남의 비판에 끌려 다녀서는 안 된다는 교훈도 주신 것입니다.

이지원 문서관리카드의 핵심은 경로부 의견입니다. 수직적(결재 서열)은 물론 수평적(참조, 협조 등)으로도 의견을 구할 수 있으며, 의견을 반영하여 수정한 문서의 버전을 관리하도록 되어있습니다. 청와대 변화관리에서 상당한 어려움을 주었던 것이 바로 경로부에 의견을 다는 것이었습니다. 대부분은 문서의 전자결재에 익숙해 있어서 경로부에 의견을 쓰는 것을 매우 어색하게 생각했습니다. 그러나 이제는 시대가 바뀌어서 SNS(Social Network Service)에 자신에 대한 소식과 의견을 올리는 것이 대세가 되었기에, 비록 다산이 살던 조선시대처럼 편지에 의한 토론은 아닐지라도 경로부에 단문으로 간단명료하게 자신의 의견을 쓰도록 변화관리하면 더 큰 의미를 느끼게 될 것이라고 생각합니다.

**민대표:**

이지원 문서관리카드에서 가장 중요한 부분이 경로부에 의견을 잘 쓰게 하는 것인데, 다산 선생은 벌써 오래 전에 편지에 의한 토론이 유익하다는 것을 강조하셨습니다. 경로부 의견을 잘 활용하면 실제로 편지에 의한 토론처럼 온라인에서 토론이 활발하게 이루어질 수 있다고 3장(111페이지 〈그림 15〉 참조)에서 설명했습니다. 경로부 의견을 잘 쓰는 것이 이렇게 중요한 의미가 있다는 것을 변화관리의 핵심 포인트로 삼아야 하겠습니다. 다산 선생의 지혜가 갈수록 마음에 와 닿습니다. 다음 지혜는 무엇인지요?

**강박사:**

다산 지식경영의 또 다른 큰 축은 연구의 공동작업, 최근 강조되고 있는 협업(Collaboration)입니다. 저는 문서관리카드를 잘 활용하면 보고서 작성단계부터 협업시너지를 극대화할 수 있다고 믿고 있습니다. 물론 참여정부 기간 중에도 이렇게 활용된 사례가 있었던 것은 아닙니다. 그러나 SNS 등 최신 IT기술을 적용하여 시스템을 업그레이드하면 충분히 가능하다고 생각하고, 이제 협업 또는 공동 작업이 가능한 이지원을 만들 때가 왔다고 생각합니다. 우선 공동작업 관련한 다산선생의 지혜를 소개합니다. 다산은 하루 작업의 목표량을 정하고 (正課) 제자들과 능력에 따라 역할을 분담하여, 초서(鈔書) 즉 카드를 활용하여 정리하도록 했습니다. 이러한 집체작업을 통해 하루하루 누적해 가는 방식으로 공동연구를 추진합니다. 『목민심서』의 경우를 추정해 보면 다음과 같습니다.

다산은 목민관의 부임에서 이임까지 과정을 12단계로 나누고 단계마다 6조항씩 72개 항목을 설정했습니다. 이 항목에 따라 중국의 23사와 우리나라 기록 및 각종 문집에서 사례를 가려 뽑는 작업을 시행했습니다. 제자들의 역량에 따라 카드작업, 필사, 교정, 제본 등 각 역할을 분담하여 체계적으로 진행했던 것으로 보입니다. 정보가 모이면 여럿이 함께 모여 토론하면서 점검하고 원문을 확인하고 주석을 확인하는 과정을 거쳤을 것입니다. 맞고 틀림, 중요성 등을 확인하는 1차 작업이 이루어지고, 다산이 직접 다시 점검하고 보완하거나 수정작업을 진행하였을 것입니다. 다산은 이 모든 과정의 진두지휘자, 총괄기획편집자, 책임 프로젝트 매니저이었던 것입니다. 이제 대한민국 공직사회의 일하는 방식도 이렇게 다산선생처럼 역할 분담을 통해 공동작업 내지 협업을 하는 것이 일상화되어야 하는 시대가 되었다고 저는 생각합니다.

**민대표:**

이지원에서도 협업과 공동 작업이 일상적인 업무가 되고, 문서관리카드 경로의견을 통해 온라인 토론이 활성화되는 때가 올 것이라고 믿습니다. 그래야만 국정혼란 사태가 생기더라도 공직사회 구성원들은 책임감을 가지고 투명하게 일을 하고 있기 때문에 공정하게 평가받고, 더 이상 불필요한 자괴감을 느끼지 않도록 해야 한다고 생각합니다. 나아가 이지원을 통해 공직사회에도 지식경영이 제대로 이루어지도록 해서 국민을 위한 정책이 국민과 함께 만들어지기를 기대합니다.

**강박사:**

맞습니다. 노무현 대통령도 이지원의 궁극적인 목표는 지식경영이라고 했는데, 시스템은 구현했으나 변화관리 노력이 부족해서 참여정부 청와대에도 지식경영이 제대로 정착되지는 못했었다고 저는 생각합니다. 이지원 일의 기본 (5) '나의 일을 정리정돈 한다' 는 지식경영을 위해서 만든 일하는 방식입니다. 관련해서 다산 선생이 주신 지혜들을 직접 인용 형태로 소개하고자 합니다. 지식경영은 시스템보다는 시스템을 활용하는 사람들의 인식과 태도 변화가 더 중요하기 때문에 다산 선생의 지혜는 가슴에 새겨야 한다고 생각합니다.

"다산은 말한다. 많은 정보가 문제를 해결해 주는 것은 아니다. 그 중에서 유용한 자료를 취하고, 쓸모없는 자료를 버릴 수 있어야 문제가 해결된다. 하나하나 따져서 진(참된 것, 유용한 것) 위(거짓된 것, 쓸모없는 것)를 헤아리고 정보의 값을 매겨라. 문제는 나에게 있다. 자료에 있지 않다. 좋은 모범을 찾아라. 훌륭한 선례를 본받아라. 하지만 그대로는 안 된다. 바꿔야 한다. 현실에 맞게 고쳐라. 실정에 맞게 변경해라. 불필요한 것은 걷어내고, 안 맞는 것은 버리고, 없는 것은 보태고, 부족한 것은 채워라. 내가 옛 것에서 배울 것은 생각하는 방법뿐, 내용 그 자체는 아니다. 옛 길을 단순히 따라가지 마라. 나만의 색깔로 나만의 목소리를 낼 수 있어야 한다. 나는 나다.

교육(공부, 배움)의 목표는 지혜의 샘을 열어 주는 데 있다. 일단 구멍이 한 번 뚫리면 사시사철 맑고 차고 단 샘물이 펑펑 솟아난다. 수돗물은 쓰고 나면 꼭 잠가 아껴야 하지만, 샘물은 조금도 아낄 필요가 없다. 오히려 많이 퍼갈수록 더 많이 솟는다.

일이 닥친 뒤에 대처하면 너무 늦다. 미루어 짐작하고 헤아려 예상할 수 있어야 한다. 행간을 읽을 수 있어야 한다. 안 보이는 것까지 보아야 한다. 공부만 그런 것이 아니라 일상생활도 마찬가지다. 공부와 삶은 별개의 무엇이 아니다. 따로 놀면 안 된다.

배우는 자리에서 체면을 따져서는 안 된다. 남의 좋은 것은 받아들이고, 나의 나쁜 것은 과감히 버려라. 남의 것을 받아들이더라도 그대로는 안 된다. 현실에 맞게 고쳐야 한다. 실상에 맞게 바꿔야 한다. 그래야 변화가 있다. 그래야 발전이 있다.

다산은 말한다. 상식과 타성을 걷어내라. 나만의 눈으로 보아라. 하던 대로 하지 말고 새롭게 하라. 관습에 젖은 타성으로는 아무것도 해낼 수 없다. 생각의 각질을 걷어내고 나만의 목소리를 가져야 한다. 듣고 나면 당연한데 듣기 전에는 미처 그런 줄 몰랐던 것이 창의적인 것이다. 들을 때는 그럴듯한 데 듣고 나면 더 혼란스러운 것은 괴상한 것이다. 이 둘을 혼동하면 안 된다. 깨달음은 평범한 것 속에 숨어 있

다. 그것을 읽어내는 안목을 길러라." [31]

공직사회의 구성원 모두가 다산 선생의 지혜를 가슴에 새기도록 변화관리를 잘 해 나간다면 이지원을 통해 정부의 일하는 가치를 새롭게 할 수 있을 것이라고 믿습니다.

**민대표:**

이지원의 목표는 문서관리와 과제관리 등을 토대로 행정업무 처리의 모든 과정을 시스템화하여 보다 투명하고 책임성 있게 일하고, 모든 것을 기록으로 남겨 공유하고 재활용하여 지식경영이 이루어지도록 하는 것이었습니다. 공직사회의 일하는 방식에 시스템 민주주의를 도입하는 이유는 다산 선생이 주신 지혜처럼, 하던 대로 하지 말고 새롭게 하며, 훌륭한 선례를 본받되 현실에 맞게 고쳐서 국민을 위해 늘 새로운 가치를 창출하는 정책의사결정이 이루어지도록 하는 것입니다. 이지원을 잘 활용하면 공직사회에 지식의 샘이 생기게 될 것입니다. 샘물은 조금도 아낄 필요가 없으며, 오히려 많이 퍼갈수록 더 많이 솟는다는 다산의 비유를 공직사회의 모든 구성원이 가슴에 새기고 성실하게, 성실하게, 또 성실하게 공부하고 토론해야 하겠습니다.

**강박사:**

식견 있는 사람의 특징은 한마디로 장려(長慮), 즉 긴 안목을 가지고 어른답게 생각하며, 해결할 문제나 이슈가 있을 경우 끝까지 고민하여 답을 찾아낸다고 합니다. 길게 생각하는 식견을 가지면 아직 일이 일어나기 이전에 조짐을 알아낼 수 있게 되고(知來), 일을 하는 동안에는 완벽을 추구하여 끝맺음을 잘하게 되고(要終), 일을 마친 이후에도 다시 변화를 알아내어(知變) 대응할 수 있는 능력을 가지게 된다고 합니다. 만일 일을 마친 이후 그 결론을 고집하다 보면 교주고슬(膠柱鼓瑟)의 우를 범하게 될 수 있으니, 식견을 가져야만 기변지교(機變之巧)의 지혜로운 삶을 살 수 있다는 것입니다. 교주고슬은 거문고 기둥을 아교로 붙여 연주하는 것처럼 융통성이 없고 고지식함을 이르는 것인 반면, 기변지교는 변화하는 때에 맞추어 적합한 수단을 잘 쓴다는 것으로 융통성이 뛰어난 것을 의미합니다. 다산 선생 말씀대로 끊임없이 공부해야만 식견 있는 사람이 될 수 있다는 것은 분명합니다. 혼자 공부하는 것도 중요하지만, 다른 사람과 함께 토론하면서 공부하는 것도 필요할 것입니다. 이지원의 일하는 기본 6가지를 잘 지키면 자연스럽게 식견이 쌓이게 될 것이라고 생각합니다. 무엇보다 믿고 실천하는 것이 중요합니다.


**민대표:**

다산 선생이 주시는 지혜에 너무 많이 몰입한 것 같습니다. 이지원(참여정부 청와대 업무관리시스템)과 온-나라(정부업무관리시스템)가 다시 활성화되어 '대한민국 정부 지식 플랫폼'으로 발전해 나갔으면 하는 바램입니다. 이제 국내 글로벌철강기업에서 시도했던 스마트워크플레이스(Smart Work Place, 이하 약칭 SWP) 사례를 소개하고자 합니다〈그림 34 참조〉.[32]

SWP는 최소한의 노력으로 최대한 창의적으로 업무생산성을 높이기 위해 만든 온라인 업무 환경인데요. 스마트 기기를 신체의 일부처럼 능숙하게 활용하는 신세대의 일하는 방식과 새로운 라이프스타일 욕구에 부합하는 유연한 근무형태를 구현하기 위해 추진된 것입니다.

### 〈그림 34〉 글로벌 철강기업 P사의
### Smart Work Place(SWP) 추진 목표 및 영역

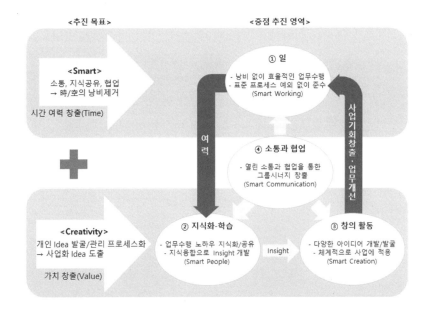

이지원과 조금은 다른 목표를 가졌지만 온라인 업무환경을 구축한 민간의 사례라는 측면에서 의미 있다고 생각합니다. 또 공직사회도 비슷한 변화 욕구를 가지고 있어 SWP를 간단히 소개하고자 합니다.

SWP는 소통, 지식공유, 협업 등을 통해 시간과 공간(時空)의 낭비를 제거하고, 그 결과로 시간(Time)의 여력을 만들어 내는 것이 첫 번째 목표입니다. 아이디어를 발굴하고 관리하는 것을 표준 프로세스로 만들어 지식을 축적하고 재창출하도록 함으로써 새로운 가치(Value)를 창출하는 것이 두 번째 목표입니다.

**강박사:**

SWP는 이지원이 앞으로 새로운 IT기술을 적용하고, 젊은 세대의 욕구를 반영하기 위해 좋은 시사점을 주네요. 〈그림 34〉를 보면 일을 보다 스마트하게 하고(Smart Work), 지식화와 학습을 촉진하며(Smart People), 창의적인 아이디어발굴을 일상화하고(Smart Creation), 열린 소통과 협업을 통해 시너지를 창출한다는 것(Smart Communication)이 SWP의 4가지 추진영역으로 설정했는데, 이에 대해 보다 구체적으로 설명을 해 주시면 좋겠습니다.

**민대표:**

먼저 일을 보다 스마트하게 하는 'Smart Work' 영역은 업무가시화(VP, Visual Planning)와 일정관리를 하나의 시스템으로 통합하고, 모바일에서의 편의성을 증대시켰습니다. 동시에 업무 계획을 상세하게 수립하도록 하고, 상세 업무계획을 통해 업무를 보다 구체적으로 가시화하고 정확하게 실적을 기록하게 함으로써 낭비업무를 제거하도록 했습니다. 이를 위해 업무 흐름에 맞추어 업무실적 기록을 최대한 자동화했는데요(〈그림 35〉 참조). 각 시스템의 할일목록(To-Do List)이 통합된 한 화면에서 업무를 수행하면 실적이 자동으로 기록되도록 한 것입니다. 오프라인 업무의 경우에는 업무마감 시 해당 실적을 등록하고 필요시 온라인 일정을 수정할 수 있도록 했습니다. 문서, 음성, 사진, 동영상 등을 포함한 통합 지능형 콘텐츠 검색 체계를 운영하여 원하는 시간과 장소에서 일할 수 있는 스마트 업무환경(Anytime-Anyplace)을 구축했습니다. 또한, 온라인 작업공간에서 영상통화 등 다중채널 소통이 가능하도록 하고, 직원들이 실시간으로 문서 공동 작업이 가능하도록 함으로써 불필요한 전화, 회의, 보고를 최소화했습니다.

**강박사:**

이지원의 일하는 기본(1) '꼼꼼하게 기록한다' 의 핵심은 일정과 계획수립, 그에 따른 실적기록인데, 스마트 업무환경에 맞게 업그레이드하고, 온라인에서 최대한 편리하게 업무를 수행하면 자동으로 실적이 기록되게 할 필요가 있겠네요. 물론 스마트 기술을 최대한 활용하되 보안과 권한관리 이슈도 균형 있게 조화시켜 나가는 것이 향후 과제일 것이라고 생각합니다. 또한 문서 공동 작업이 스마트기술 환경에서 편리하게 진행될 수 있도록 하고, 통합 지능형 검색도 가능하게 된다면 기록하기 불편하다는 불만과 핑계는 최소화될 수 있을 것입니다.

**민대표:**

다음은 지식화와 학습 촉진을 위한 'Smart People' 영역입니다. 의식적으로 신경 쓰지 않아도 자연스럽게 일과 학습 그리고 혁신  활동이 지식으로 축적되고, 자동적으로 분류되어 편리하게 활용할 수 있는 체계를 구축했습니다. 이를 위해 문서화가 곤란한 업무는 음성이나 영상 등의 기술을 활용할 수 있게 하고, 노하우 등 업무경험은 형식지화된 콘텐츠로 지식화하였으며, 사용자가 참여하는 지식분류체계를 적용해 접근성을 높였습니다. 또한 문제가 생겼을 때 원하는 답을 얻기 위해여 직간접으로 연계된 전문가 네트워크 체계를 활용하여 실시간으로 답을 구하는 지능형 소셜검색(Social Q&A) 체계를 구축했습니다. 이렇게 정보와 지식이 쌓이다보면 보안 이슈가 있기 마련이라 보안을 위한 다양한 조치도 이루어졌습니다. 설명하다 보니 굉장히 이상적이라는 생각이 드네요. 실제로 이렇게 다 구현되지는 못 했던 것으로 알고 있습니다.

**강박사:**

비록 SWP가 'Smart People'로 만들기 위한 모든 것을 실제로 적용하지는 못 했더라도 방향성은 잘 잡은 것 같습니다. 이지원의 궁극적인 목표인 지식경영도 이렇게 스마트시대에 맞게 개념을 재정립하고 고도화할 필요가 있다고 생각합니다. 지식경영 활성화와 보안리스크는 늘 상반된 힘으로 작용할 것이므로, 보안문제를 어떻게 잘 조화롭게 적용할 것인지는 전문가들과 함께 고민해야 할 부분이라고 생각합니다.

**민대표:**

다음은 창의적인 아이디어발굴을 일상화하는 'Smart Creation'에 대한 소개입니다. 커뮤니티 활성화를 통해 상시적으로 우량 아이디어 수집이 가능한 체계로 발전시키고자 했습니다. 이를 위해 제안자 간 상호 아이디어 열람과 의견교환이 가능하도록 해서 상호 경쟁이 아닌 협업 관계를 형성하도록 했습니다. 또한 아이디어를 더 발전시키기 위해 '찾아가던' 커뮤니티 운영방식에서 정보 및 아이디어가 '찾아오는' 자율성 높은 커뮤니티 방식을 구성 하도록 했습니다. 재미와 함께 정당한 보상이 주어지는 Fun/경쟁프로그램을 만들었습니다. 아이디어 발굴 활동 활성화 및 지속화를 위해 제안자, 평가자, 전문가 등 모든 참여자들의 기여를 포괄하는 평가 체계를 만들었고, 성과와 활동을 동시에 고려한 평가 기준을 적용했습니다.

**강박사:**

창의적인 정책 아이디어가 발굴되고 아이디어 굴리기를 통해 새로운 정책이 탄생될 수 있다면 가장 이상적일 것이라고 생각합니다. 이지원에서도 창의적인 아이디어 발굴, 관리 등을 시스템화하는 노력은 부족했던 것으로 보입니다. 국민들의 정책참여 욕구가 거세지고 있는 사회적 트렌드를 고려할 때 지식경영과 함께 정책 아이디어 발굴 프로세스도 스마트하게 구축하는 것이 필요한 부분이이라고 생각합니다.

**민대표:**

마지막으로 열린 소통과 협업을 통해 시너지를 창출하는 'Smart Communication' 입니다. SNS 등 온라인 커뮤니티를 통한 교류와 소통 활성화로 소셜 네트워크를 강화하고자 했습니다. 또한 업무 성격에 맞는 최적의 인재를 조직의 경계와 무관하게 찾아내서 업무를 할당하고, 업무 수행 결과를 공정하게 평가할 수 있는 체계(Swarm형)를 구축하고자 했습니다. 여기서 Swarm형 업무는 돌발적으로 발생하는 비일상적 업무를 서로 다른 조직의 인력이 신속하게 움직이고 일시적으로 모여서 협력하여 해결하는 형태의 업무를 의미합니다. 물론 이 영역도 아직 제대로 적용되지 못하고 있지만 의미 있는 시도였다고 생각합니다.

**강박사:**

소통과 협업을 통해 돌발업무에 신속히 대응할 수 있다면 공직사회가 국민으로부터 많은 신뢰를 받게 될 것이라고 생각합니다.

앞으로 공직사회에서는 이지원의 일하는 기본 6가지를 실천해 나가면서 새로운 기술과 시대적 흐름에 맞는 공직사회의 스마트 워크플레이스로 발전시켜 나가야 할 때입니다. 그러기 위해서는 공직사회가 앞장서서 더 많은 토론과 학습을 통해 더 효율적인 방향으로 혁신해 나가야 할 것입니다.

이때, 노무현 대통령이 강조했던 "혁신이란 가장 필요한 일을 가장 효과적으로 하는 것을 말합니다. 이 범위를 벗어나지 않을 것입니다. 따라서, 업무혁신을 위해서는 열정과 비전(문제의식을 가지고 개선과제 도출), 창조적인 아이디어(주어진 조건 하에서 해결방안을 모색), 지식과 학습의지(해결할 수 있는 업무지식과 학습의지)만 있으면 됩니다"[33]는 말씀을 기억하며 추진했으면 합니다.

# 이지원의 나의구상과 유사한
# 아이디어 발굴 사례들

미국의 재무 및 세금 관련 소프트웨어 회사 인튜이트(Intuit) 역시 구성원들에게 혁신적 아이디어를 생각할 시간과 아이디어를 실행할 재량을 부여하고 있다.

前 CEO, 브래드 스미스는 8천 명의 종업원을 거느리고 30년 이상 된 인튜이트라는 거대 기업이 신생기업처럼 혁신적일 수 있는 비결 중의 하나로서 '구조화되지 않은 시간(Unstructured Time)'이라는 제도를 꼽고 있다. 구성원들이 일주일의 근무시간 중 약 10% 정도를 자신이 열정적으로 하고 싶어 하는 프로젝트에 투입할 수 있도록 자율을 부여하는 제도이다. 고객 불만 해결, 신상품 개발, 업무환경 개선, 새로운 기술 학습 등 다양한 주제 하에, 자신이 직접 아이디어를 제시하고 테스트하고 결과까지 이루어볼 수 있는 작은 규모의 소프트웨어 개발 프로젝트를 허용하는 것이다.

특히, 구성원이 제안한 아이디어가 조직의 복잡한 제도나 규정에 의해서 사장되지 않도록 하기 위해, '두 판의 피자를 먹을 수 있는 정도의 4~6명의 프로젝트 팀원을 구성한다'는 원칙(이를 '두 판의 피자 룰(Two-Pizza Rule)'이라고 함)을 설정하여, 약 6주 내에 최초 아이디어가 상품 콘셉트(Concept)로 만들어지도록 일의 실행 속도를 높이고 있다.

3M 역시, 연구원들이 자기 시간의 15%를 창의적 아이디어를 고민하고 신상품·신기술을 연구하는 데에 사용할 수 있는 제도를 운영하고 있다. 3M은 이러한 15% 시간의 활용을 통해 혁신적 아이디어를 제안한 구성원이 자신의 아이디어를 직접 프로젝트로 진행할 수 있도록 최대 10만 달러 이내에서 일정 금액의 펀드를 제공해 주는 '제너시스 그랜트(Genesis Grant)' 제도를 활용하고 있다.

제너시스 그랜트는 1984년부터 일종의 신사업 펀드 형식으로 시작된 제도로서 3M 조직 내에 수많은 사내기업가(Intrapreneur)를 키우는 데에 기여하고 있다. 주요 운영 방식을 보면, 구성원이 혁신적 아이디어를 제안하면, 사내의 기술전문가 및 과학자로 구성된 패널(Panel)은 1차적으로 아이디어를 심사하고, 이를 통과한 아이디어는 시니어 기술전문가, 마케팅, 경영관리 분야의 전문가로 구성된 패널에서 2차적으로 심사하게 된다. 2차 심사 시에는 '이전에 유사한 아이디어는 있었는지', '시장에서 경쟁우위가 있는지', '데이터 분석은 가능한지' 등을 중점적으로 검토하게 된다. 이렇게 1차 및 2차 심사를 통과하게 되면, 그랜트를 부여하며, 그랜트를 부여 받은 구성원은 자신이 아이디어 챔피언이 되어 프로젝트를 구성하여 프로젝트 팀원을 모집하게 된다. 또한, 해당 프로젝트 팀은 프로젝트 계획 수립에서부터 개발, 마케팅 테스트 등 일련의 과정을 주도적으로 수행하게 된다.

통상 매년 약 15개 정도의 그랜트를 제공하는데, 그 동안 그랜트를 통해 스카치 팝업 테이프, 3M 비퀴티(Vikuiti), 다층 광학 필름 (Multilayer Optical Film) 기술 등이 개발되었으며, 매년 약 10억 달러 매출을 일으키고 있다.

＊출처: LG경제연구원, '글로벌 혁신 기업의 일하는 방식 7(2012)' , 최병권

# 노트 3권의 비밀이 주는 지혜

베스트셀러가 된『언제까지고 뚱보라는 생각은 하지 마세요』(오카다 도시오 저)를 보면, 그 안에 '레코딩 다이어트' 방법이 나온다. 이 방법은 식사 자체를 제한하기보다 먹은 음식을 기록하는 데 중점을 둔다. 일도 기본적으로는 이와 같다. 작업 현황을 기록하면 문제를 가시화할 수 있고, 따라서 그 개선점을 찾아낼 수 있다. 일을 잘하기 위한 가장 효율적인 방법도 쉽게 알 수 있다. 일을 하다 범한 실수나 잘 되지 않은 점을 기록해두면 실패 원인을 분석하기도 좋고, 이를 경험지로서 축적해 놓을 수도 있다. 또 일이 진행되는 모습이 한눈에 들어오기 때문에 작업시간을 비교적 자유롭게 운영할 수 있다. 일을 처리하는 속도도 점점 빨라진다. 일에 걸린 시간을 기록해두면 다음에 그와 똑같은 일이나 유사한 일을 처리할 때 기존의 처리시간을 의식하게 되기 때문이다. 일단 기록을 해두면 아무리 단순한 작업이라도 동기부여가 된다. 어떻게 하면 빨리 끝낼까, 좀 더 나은 방법이 없을까 하고 궁리하게 되는 것이다. 그러다 보면 일의 결실을 맺기 위해 무엇을 어떻게 해야 하는지도 알게 된다. 올림픽 기록이 해마다 갱신되는 이유는 선수가 그만한 노력을 하기 때문이다. 목표를 분명하게 정하고 그 목표를 향해 노력하면 누구든 예전 기록을 뛰어넘을 수 있다.

- 외우려고 적는 것이 아니라 나중에 활용하려고 기록한다.
- 아이디어가 떠오른 그 순간에 바로 기록한다. 노트에 기록으로 남아 있으면 그것이 열쇠가 되어 생각이 되살아나고, 여유가 있을 때 더 크게 발전시킬 수도 있다.
- 메모노트는 나중에 활용하기 위한 모든 정보를 담아두는 일종의 그릇이다. 단편적인 착상이나 아직 정리되지 않은 거친 생각들을 모두 담을 수 있어야 한다. 무조건 생각나는 대로 기록하는 것이 메모의 제 1단계이다. (휴대전화의 메모기능 이용도 가능하다.)
- 메모노트에 적은 단편적인 착상은 모함노트라고 부르는 정보의 기지에 집약해 나간다. 모함노트는 메모를 부풀리거나 결과를 기록하는 것으로서 메모의 제 2단계이며, 컴퓨터 문서작업을 전제로 한 기록이다.
- 스케쥴노트는 모함노트와 세트로써, 일정만을 기록한다.
- 시간이 지난 순서대로 모든 정보를 하나의 노트에 기록하면 정보들도 서로 연결되고, 무엇보다도 관리가 편하다. 쉽게 쓰고 계속 쓴다는 의미에서 보면 '하나로 합치기'와 '시간 순서대로 적기'가 가장 설득력 있는 방법이다.
- 무엇이든 바로 메모해 두는 습관을 들이자.

＊출처: 『노트 3권의 비밀』 미사카 에이치로 저

# 다산의 지식경영에 대한 사자성어

### 수사차록(隨思箚綠)과 묘계질서(妙契疾書):

다산은 머리만 믿지 말고 부지런히 메모하는 것을 그 누구보다 강조하였다. 수사차록은 그때그때 떠오른 생각을 메모하여 기록하는 것이다. 묘계질서는 번뜩하는 깨달음을 놓치지 않고 곧 바로 빠르게 메모하는 것이다.

결국 수사차록과 묘계질서는 자주 그리고 생각이 사라지기 전에 즉각 기록하라는 것을 뜻한다.

### 어망득홍(魚網得鴻):

물고기 잡으려고 그물을 쳐두지만 그 그물로 기러기를 잡는 데 활용할 수도 있다는 것이다. 별 의미 없이 메모해둔 카드들이 맞물리면서 갑자기 막혔던 문제들이 시원스럽게 해결되는 경험이 다산 저술 작업의 원동력이 되었다.

하고 있던 작업을 진행하는 동시에, 새롭게 떠오르는 생각을 사라지지 않도록 끊임없이 메모하고 다른 과제로 발전시키는 다산의 방법이다.

### 여박총피(如剝蔥彼):

다산의 치밀한 분석은 파의 껍질을 하나하나 벗겨 안으로 들어가면서 진리를 찾아내는 연구를 거듭했다. 뜻과 이치를 정밀하게 파헤친 방법은 마치 파의 껍질을 벗겨 나가는 것과 같다고 했다. 끝장을 볼 때까지 계속되는 토론과 논쟁은 기본이다. 질문하고 대답하는 가운데 논란이 있던 문제에 대해 의견을 수렴해가는 것이다. 얼굴을 직접 맞대는 토론도 있었지만 글을 주고받는 서면토론이 중요했다.

### 문목범례(問目凡例):

다산은 논문을 쓰든 저술을 하든 또는 과제를 정리하든, 가장 먼저 할 일은 목차와 개요를 세우는 것이었다. 목차를 정한 다음에는 각 목차의 내용이 구체적으로 어떻게 표현되어야 하는지, 구체적인 실례를 뽑아 그대로 제자들이 작업하고 초록하도록 했다. 어떤 작업을 하든지 우선 목차와 범례를 확정하여 책의 목적과 전체 골격을 완전히 구상한 뒤에 착수하였다. 이것은 완벽한 설계도를 그린 후 공사에 들어가는 이치와 같다.

### 참작득수(參酌得髓):

다양한 자료를 참작하여 정수(精髓)만을 가려뽑는다는 뜻이다. 이것과 저것을 비교하고, 여기와 저기를 견주며, 관련 있는 정보를 망라하여, 쓸모에 맞게 꼭 필요한 핵심만을 간추려내는 것이다. 이것과 저것을 근거 없이 뒤섞거나, 저기서 좋은 결과를 얻었다고 앞뒤 가리지 않고 여기에다 적용하면 반드시 실패한다. 모래를 체로 쳐서 정금(精金)을 가려내듯, 쇠를 두드려 황금으로 변화시키듯, 있는 것 가운데서 새것을 만들어낼 수 있어야 한다.

### 공심공안(公心公眼):

다산은 사물을 대함에 있어서 사심 없는 마음으로 오직 진리를 위해 일체의 권위와 선입견을 배제하자는 입장을 견지하고 있다. 이런 모습의 맹아는 젊은 시절부터 볼 수 있다. 당파로는 남인에 속하는 다산은 정조 임금과의 경연에서 파벌이 아닌 자신의 소견에 따라 퇴계 이황의 의견이 아닌 율곡 이이의 설을 지지하게 된다. 권위와 선입견을 떠나 당당하게 소신을 피력하는 모습이 정조의 신임을 받게 되는 이유가 되었다.

*출처: 『다산 선생 지식경영법(2006)』 정민 저

# '식견 있는 사람' 이 되자!

다산은 말한다. 공부를 잘 하려면 식견이 열려야 한다. 깨달음이 없으면 여기서 이 말 듣고 저기서 저 말 들을 때마다 우왕좌왕하게 된다. 귀가 얇아 듣는 대로 의심이 나고, 배우는 대로 의혹만 커진다. 정신을 바짝 차려라. 입과 배를 위해 애쓰지 말고, 네 영혼의 각성을 위해 힘써라. 공부하는 사람은 서로에게 칭찬하는 법이 없다. 날카롭게 비판하고 냉정하게 평가해서 상대의 부족한 점을 지적하고, 그가 잘못한 것을 드러내서 더 향상 될 수 있도록 이끌어야 한다. 다른 사람의 비판에 대해서도 마음을 비워 수용할 것은 수용하고 내세울 것은 더 확고히 내세워야 한다. 주장을 함부로 내세우지 마라. 증거 없이 말하지 마라. 논거가 없으면 논리도 없다.

\*출처: 『다산 선생 지식경영법(2006)』 정민 저

# 마치면서:

## 일하는 방식에 정답은 없다

# 일하는 방식에 정답은 없다

"당신이 잠에서 깨어난 순간부터, 웹은 당신의 의도를 예측하려고 한다. 당신의 일과는 기록되므로 웹은 당신의 행동을 내다보고, 당신이 질문을 하기 전에 답을 내놓으려고 시도한다. 회의가 열리기 전에 필요한 파일을 제공하고, 날씨와 당신이 있는 위치와 이번 주에 먹은 것과 지난 번 친구와 만났을 때 무엇을 했는지를 비롯하여 당신이 고려할 만한 많은 요인을 토대로 당신이 친구와 점심식사를 할 완벽한 장소를 추천할 것이다. 당신은 웹과 대화를 할 것이다. 당신은 전화기에 담긴 친구의 사진을 죽 훑어보기보다는 한 친구에 관해 웹에 묻는다. 웹은 당신이 어느 사진을 보고 싶어할지 예측하고, 사진을 볼 때의 당신 반응에 따라서 사진을 더 보여주거나 다른 친구의 사진을 보여줄 것이다. 혹은 다음 회의 전에 봐야 할 이메일 두 통을 보여줄 것이다. 웹은 전기처럼 낮은 차원에서 항상 존재하는 무언가가 될 것이다. 우리 주변에서, 우리 위에서, 지하에서 늘 존재할 것이다. 2050년이면 우리는 웹을 늘 곁에 있는 대화상대로 생각하게 될 것이다." 『인에비터블: 12가지 법칙으로 다가오는 피할 수 없는 것들』 책에서[34] 케빈 켈리가 서술한 내용이다. 2016년에 나온 소설 같은 이야기라고 무시해 버리기엔 기술의 발전 속도가 너무 빠르고 이런 매래를 받아들이고 준비해야 한다는 주장도 나오고 있다. 일상생활이 이렇게 투명하게 기록되고 관리되는 상황이라면, 공직사회의 일하는 방식 또한 이지원과 같은 업무관리시스템에 투명하게 기록하고, 예외적인 비공개 자료를 제외하고는 가능한 모든 것을 공유하고 공개하여 정책의 품질을 높여 나가야 하는 것은 당연한 것이 아닐까?

**민대표:**

이지원의 일하는 방식 6가지와 4장의 여러 가지 사례를 통해 실천해야만 하는 이유도 잘 들었습니다. 그런데 시스템에 많은 기록을 하다보면 정보유출 등의 보안리스크 또한 커지게 될 텐데요. 이런 문제는 기술의 발전이 해결해 준다고 하더라도 한 가지 더 우려되는 것이 있습니다. 공직사회 문화가 투명하게 기록하면 오히려 감사나 정보공개 등으로 불이익만 받는다는 인식이 있을 텐데 이런 문제는 어떻게 극복해 나가야 한다고 생각하나요?

**강박사:**

충분히 이해합니다. 시대 흐름과 패러다임이 경제사회의 모든 부문을 바꾸어도 끝까지 잘 안 바뀌는 것이 공직사회 문화인 점을 감안하면 시스템에 의한 일하는 방식에 대한 자발적인 공감대를 형성하기는 어려울 것이라고 생각합니다. 그래서 가장 먼저 공직사회의 평가 및 보상 제도를 시스템에 의한 일하는 방식에 맞게 개선해야 할 것입니다. 마치 변호사들이 시간 단위로 자신이 일한 것을 기록하지 않으면 보상받지 못하는 것처럼, 공직사회 구성원들도 자신이 한 일을 업무관리시스템에 기록하지 않으면 업무실적에 따른 인사 및 인센티브 급여 평가의 기회조차 갖지 못 하게 해야 한다는 것입니다. 물론 거센 저항이 예상됩니다만, 국민의 세금으로 일하는 공직사회이기 때문에 당위성을 가진다고 생각합니다.

**민대표:**

공직사회의 일하는 방식을 더 이상 블랙박스 속에 가두어 둘 수 없는 시대가 되고 있는 것은 분명한 것 같습니다. 평가라는 제도를 통해 강제화 한다면 더욱 그렇겠지요. 그러나 공직사회의 업무담당자를 보호할 수 있는 장치들은 더 필요하다고 생각합니다. 시스템에 기록된 업무자료는 공직사회 내부에서도 권한에 따라 공유와 활용에 제한을 두고, 대국민 공개는 기록물 관점에서 시대적 요구에 맞게 기준을 세워서 관리하는 것이 바람직하다고 생각합니다. 우선 중요한 것은 공직사회 구성원이 하는 모든 일은 예외 없이 정부업무관리시스템에 기록하게 하는 것이 중요하기 때문입니다. 청와대와 대통령도 예외가 될 수 없습니다. 참여정부에서 했던 것처럼 시스템에 의한 국정운영이 문화로 정착되어야 한다는 것입니다. 투명하게 국민에게 공개하는 것은 또 다른 차원의 고민과 국민적 합의가 필요한 사항일 것입니다. 투명성과 관련해서 구글(Google)의 에릭 슈미트가 언급한 다음의 내용에서도 중요한 시사점을 찾을 수 있을 것입니다.

"그는 '사람들은 투명성을 벌거벗은 것과 혼동하고 있다' 고 말한다. 기업은 고유의 정보가 있다. 기업은 사업 결과를 함부로 얘기할 수 없다. 사람들은 종종 '만약 당신이 투명한 기업의 리더라면 왜 모든 소스 코드를 공개하지 않습니까? 라고 묻는다. 우리가 그렇게 하지 않는 데에는 여러 가지 이유가 있다. 한 가지 이유는 알고리즘들이 조작되는 것과 관련 있다. 또 다른 이유는 사이버 보안과 관련 있다. 그러나 우리가 하는 일의 나머지 대부분은 매우 투명해지기를 바란다. 나는 우리가 어떻게 더 투명해질 수 있는지 모르겠다."[35]

**강박사:**

기업경영의 투명성 요구 못지않게 열린 정부에 대한 열망 또한 세계적인 현상이라고 생각합니다. 이는 단순히 정보공개 욕구에 그치는 것이 아니라 정부와 국민 사이의 양 방향 협력을 위한 플랫폼이라는 새로운 역할을 요구하는 것입니다. 이제 진정 참여정부에 대한 시민의 요구가 일반화되고 있다고 생각합니다. 제프 자비스(2011)는 우샤히디(Ushahidi)와 특허심사협력제도(Peer to Patent)를 양 방향 협력의 사례로 들고 있습니다. 열린 정부는 데이터의 출처 역할만 하는 게 아니며, 시민들도 정부에 데이터를 제공하여 정부가 일을 더 잘하도록 도울 수 있다는 것입니다. 우샤히디는 시민들이 각자의 휴대전화에 저장된 정보를 한데 모으도록 구축된 플랫폼으로, 아이티에서 발생한 지진에 대한 대응과 복구 작업, 워싱턴의 제설 문제(시 공무원들이 문제지역들을 찾도록 도움) 대응 등에 사용된 바 있습니다. 한편 특허심사

협력제도 파일럿 프로젝트에서는 일부 선택된 특허 신청을 공개적으로 발표했고, 전문가들에게 그 조사를 돕도록 청했으며, 그 결과 3년 걸리던 심사결과가 상당히 빠른 시간 내에 완료되는 효과를 보고 있다고 합니다. 사람들은 자기가 속한 공동체에서 무슨 일이 벌어지고 있는지 알고 있으며, 정보를 한데 모으고, 공유하고, 분석하도록 돕고 있으며, 그러면 정부가 대응을 더 잘 할 수 있게 된다는 것입니다. 공개 데이터를 토대로 시민들은 정부를 플랫폼으로 사용하며, 정부는 플랫폼 역할을 해야 한다는 것입니다. 참여정부에서 성공적으로 활용되었던 이지원이 이제 그 힘을 발휘할 수 있는 시대가 온 것이라고 생각합니다.

**민대표:**

저도 이지원의 일하는 방식 6가지가 열린 정부를 위한 국민요구에 적합한 것이라고 생각합니다. 공직사회의 모든 구성원들이 자신이 한 일을 꼼꼼히 기록하고 공유하면서 필요시 정책의사결정에 국민 참여를 유도한다면 공개, 공유 및 연결의 4차 산업혁명시대에 맞는 열린 참여정부 구현이 가능할 것이라고 생각합니다. 케빈 켈리(2016)는 '인터넷 잡것들' [36]이 이전에 묵살 당했던 수동적인 소비자를 적극적인 창작자로 변모시킬 수 있었다는 사실을 강조했습니다. 그 중심에 새로운 유형의 참여가 있었고, 그것은 뒤에 공유를 토대로 한 새로운 문화로 발달하게 되었다고 합니다. 대한민국의 공직사회도 이제 이지원을 토대로 공유와 참여의 새로운 공직사회 문화를 만들어 나가야 합니다.

이지원의 일하는 방식이 비록 열린 정부를 위한 유일무이한 정답은 아닐 것이지만 이미 참여정부 5년 동안 활용했던 경험이 있기 때문에 그 인프라는 충분하다고 생각합니다.

이제 마지막 질문입니다. 만일 박사님이 참여정부 시절의 정부혁신 변화관리와 유사한 업무를 다시 하게 된다면 무엇을 어떻게 하고 싶은지 묻고 싶습니다.

**강박사:**

제가 직접 그 일을 하지는 않더라도 제 경험을 토대로 시스템에 의한 국정운영을 위한 법적 책임과 의무 강화, 관련한 전문 관리기관 또는 기능의 상설화, 일하는 방식 혁신을 위한 지속적이고 체계적인 교육 강화 등 세 가지 제안을 드리고 싶습니다.

첫 번째 제안은 공직사회 구성원은 정부업무관리시스템에 모든 일을 기록하고, 기록된 실적을 토대로 평가받는 것을 사무관리 규정 차원이 아니라 공무원 기본법 및 평가 등 관련 규정 모두를 개정하여 강하게 의무화함으로써 정권의 변화와 관계없이 일하는 문화로 정착되게 해야 합니다. 각종 공무원시험에도 반영하는 것을 검토할 필요가 있을 것입니다. 적용 대상은 중앙부처, 지방자치단체 및 모든 공공기관을 포함하는 것으로 해야 하며, 민간기업 부문에서도 유사한 업무관리시스템을 도입할 경우 ERP(Enterprise Resource Planning, 전사자원관리) 패키지 도입 시의 조세 등 인센티브를 제공하는 것도 검토해야 한다고 생각합니다. 사회 전체적으로 투명하고 책임 있게 일하는 문화가 확산되도록 하기 위한 것입니다.

두 번째 제안은 시스템에 의한 국정운영을 전담하는 범정부 전문기관을 설립하거나 관련기능을 상설화하여 지속적으로 변화관리를 해야 한다는 것입니다. 특히 기능별 및 목표별 과제분류체계를 토대로 공직사회의 모든 일이 체계적으로 파악될 수 있게 하며, 모든 과제별로 예산 계획 및 실적평가는 물론 조직별 목표 평가 등과 연계하는 종합적인 관리(Control Tower) 권한과 책임을 부여해야 합니다.

세 번째 제안은 공직사회 구성원 스스로가 시스템 민주주의 방향성과 일하는 방식 혁신의 필요성에 대해 공감하게 하고, 구체적으로 무엇을 어떻게 해야 하는지 등을 지속적으로 교육해야 한다는 것입니다. 케빈 켈리(2016)는 향후 30년의 불가피한 미래기술 변화를 예측하면서 "이제는 과정이 산물보다 더 중요하다"라고 했습니다. 끊임없는 변화와 개선이라는 방법론적 과정 혁신 자체가 스마트폰 등과 같은 어느 특정한 산물을 발명하는 것보다 중요하다는 의미입니다.

이지원의 일하는 방식도 마찬가지라고 생각합니다. 정보 및 업무처리의 모든 과정을 지속적으로 변화시켜 시스템 민주주의를 완성해 나가야 합니다. 그 주역은 공직사회를 구성하는 모든 사람이 되어야 합니다. 그래서 공직사회의 일하는 방식 혁신이 오히려 민간부문으로 확산되는 첫 사례가 될 것이라고 저는 확신합니다. 나아가 외국의 대통령 보좌기관이나 행정기관의 표준적인 업무관리시스템 패키지로 발전되어 대한민국의 시스템에 의한 일하는 방식이 세계로 수출되는 것도 꿈은 아니라고 생각합니다.

세 가지 제안과 관련하여 케빈 켈리(2016)의 예측을 인용해 봅니다. "지난 30년은 경이로운 출발점을, 진정으로 대단한 것을 만들 튼튼한 기반을 구축한 시기였다. 하지만 앞으로는 지금의 것을 뛰어넘는 다른 것이 올 것이다. 우리가 만들 것은 끊임없이, 거침없이 다른 무언가가 되어갈 것이다. 그리고 가장 멋진 것은 아직 발명되지 않았다. 당신은 늦지 않았다."

250여 년 전 다산 정약용 선생이 주신 지혜 또한 가슴에 새겨야 할 것입니다. "백성을 다스리는 것은 어진 마음에 있는 것이지 행정능력에만 있는 것은 아니다. 모든 어려움을 극복하는 길은 성실(勤), 그리고 성실(勤), 또 성실(勤) 뿐이다. 그러나 성실을 계속 유지하기 위해서는 확실하게 마음을 다잡아야(秉心) 함을 또한 명심해야 한다."

# 부록 차례

# 부록 1.

# 참여정부 청와대 업무관리시스템
# 이지원 개발 과정

이지원의 개발 과정을 간단히 요약하면 △ 2003년 3월 청와대 최초의 그룹웨어 도입을 시작으로 △ 디지털청와대 구축을 위한 ISP(Information Strategy Planning) 수립 △ 디지털청와대 1차 구축사업: 업무일지 기록 방식 중심의 이지원 오픈 △ 디지털청와대 2차 구축사업: 문서관리시스템 구축 △ 디지털청와대 3차 구축사업: 과제관리시스템 구축 등 단계적으로 고도화되었다. 단계별로 보다 사용자 친화적인 시스템으로 발전하는 과정을 거쳐서 궁극적으로는 행정업무 처리과정 전체를 시스템화하기 위해 '정보관리-문서관리-과제관리-지식관리-기록관리'를 완성하였다. 2005년 말부터 청와대업무관리시스템 이지원을 토대로 온-나라시스템구축을 위한 표준모델을 만드는 작업을 추진하였고, 2006년 말까지 전 중앙부처에 이를 적용하여 통합적인 국정관리가 가능해지도록 하였다. (구체적인 이지원 정부확산 과정은 부록 2 참조)

개발팀은 국정과제위원회 및 시범부처와의 연계를 마무리하고, 2004년 2월 7일 이지원 구축경과 및 부처확산 계획을 대통령에게 보고했다. 이날 보고회는 노무현 대통령뿐만 아니라 이지원 구축을 전 직원에게 알리는 차원에서 행정관 이상 350명이 참석한 대규모 행사였다. 보고회에서 노무현 대통령은 업무관리카드 도입의 필요성 및 효과에서부터 실적입력 방식, 제목선정 방식, 속성입력 방식 등 세세한 부분까지 60여 분을 넘기며 직접 설명하는 열의를 보였다. 이를 통해 전 직원이 디지털청와대 구축사업에 대한 대통령의 확고한 의지를 확인하였고 이후 이지원 조기 정착을 위해 적극 협조하는 분위기가 형성되었다.

## 가. 게시판 위주의 그룹웨어 도입(2003년 3월)

본격적인 업무관리시스템 구축이 시작되기 이전 단계인 2003년 3월, 대통령직인수위원회에서 사용하던 그룹웨어를 한 단계 발전시킨 그룹웨어(CUG: Closed User Group)가 청와대 비서실 업무를 지원하기 위한 내부 정보공유시스템으로 도입되었다. CUG는 게시판 위주 그룹웨어 형태로 대통령이 그룹웨어를 통해 각 부서에 지시사항을 하달하고, 온라인망을 통해 보고서와 결재서류를 체크하는 일을 가능하게 하였다. CUG에 게시 기능과 인사명령의 전자열람, 개인이나 부서의 일정관리 등을 DB화해서 공유하고, 각 비서실에서 요구하는 국제

경제뉴스와 입법자료 등 주요 정보를 이 시스템을 통해 제공하였다. 그룹웨어 형태의 내부 정보공유시스템은 청와대 내부의 디지털 마인드를 확산시키는 데 큰 역할을 했을 뿐 아니라, 이후 추진되는 디지털 청와대 구축사업에도 중요한 밑거름이 되었다.

## 나. 디지털청와대 구축을 위한 ISP 수립 (2003년 5월~ 9월)

ISP 사업팀은 청와대의 중·장기 정보화전략계획 수립뿐만 아니라, 업무관리카드를 활용하는 파일럿시스템도 함께 구축하였다. 파일럿시스템은 업무현황 조회와 업무실적 입력 등의 비교적 단순한 기능을 제공했으며, 주로 업무일지 작성에 활용되었다. 2003년 9월 6일에는 노무현 대통령이 참석한 가운데 파일럿시스템에 대한 시연 및 토론회를 개최하였고, 2003년 9월 19일에는 4개월 여의 활동을 마무리하고 ISP사업을 공식적으로 종료하였다. ISP사업 결과를 살펴보면 △ 정책정보시스템(PIS: Policy Information System) 구축 △ 통합전자문서시스템 구축 △ 지식관리(KM)체계 구축 △ 성과평가시스템 구축 △ 부서별 업무시스템 개선 △ 포털 구축 △ 대외서비스 개선 △ 공무원 전자카드 도입 △ 네트워크 인프라 고도화 △ 정보보호 인프라 구축 △ 백업체계 구축 등 11개의 정보화 과제를 도출하였다. 이를 토대로 2003년 9월 30일 ISP사업 결과 및 디지털청와대 구축방향 설명회를 개최하여 디지털청와대 구축을 통한 업무시스템의 변화상에 대해 직원들이 함께 공유하였다. 이날 설명회는 대통령 비서실 전 직원을 대상으로 한 최초의 변화관리 이벤트라는 데 그 의의가 있다.

## 다. 디지털청와대 구축: 이지원 탄생(2003년 9월~2004년 4월)

개발팀은 2달 여에 걸쳐 ISP단계의 파일럿시스템을 보완하여 업무일지 기록을 위한 업무관리카드 중심의 초기단계 청와대업무관리시스템 개발을 완료하고, 2003년 11월 18일 기존의 CUG 체계를 대신할 청와대 업무포털 이지원 서비스를 시작했다. 기존의 CUG가 메일 및 게시판 위주로 운영되었다면, 이지원은 업무일지 형식으로 행정업무의 처리과정을 기록하게 한 업무관리카드를 중심으로 지시사항 관리, 일정관리 등 여러 가지 단위시스템을 모아 한 곳에서 서비스하는 업무포털 개념으로 설계되었다.

디지털청와대 구축사업에서는 업무관리카드 중심의 정책정보시스템(PIS, Policy Information System) 이외에 대통령 말씀관리시스템, 대통령 일정관리시스템, 인물DB시스템, 성과평가시스템 등 단위 시스템이 차례로 구축되었으며, 청와대의 보안 인프라 또한 강화되었다. 정책정보시스템은 대통령 지시사항 및 관심과제에 대한 이행계획과 추진실적을 관리하여 국정운영에 관한 추진방향 및 추진현황을 공유하기 위한 시스템으로 설계되었다. 이는 대통령의 개인적인 구상정보(비망록), 점검사항, 지시사항을 효율적으로 관리하고, 비서관급 이하의 비서실 직원들이 관심과제 및 업무현황을 등록하고 이행계획을 수립하여 이에 따른 추진결과를 관리하여 보고하며, 정부부처 및 국정과제 추진조직의 시스템과 연계하여 실시간으로 정보교환이 가능한 시스템이다.

## 라. 이지원시스템 고도화: 문서관리시스템 구축
### (2004년 6월~ 2005년 3월)

2단계 구축사업은 단순히 업무일지를 기록하는 수준을 넘어서 행정업무의 처리과정을 표준화하고 문서의 유통과정을 관리하는 문서관리시스템 구축이 핵심이었으며, 13개월에 걸쳐 진행된 이지원 고도화 사업 기간 중에는 △ 문서 처리 과정 표준화 △ 비서실 업무분류체계 정립 △ 업무관리카드 시스템 고도화를 통한 효율적인 업무추진상황 파악 등 세 가지 측면에서, 시스템을 통해 효율적이고 표준화된 업무관리 방식을 정착시키고자 노력하였다. 기존 업무관리카드 시스템을 고도화하여 △ 개인별·조직별 업무계획 및 실적을 관리하고 △ 개인일지에 보고, 회의, 실적, 약속 등을 관리하며 △ 조직별·업무별·주제별 일/주/월/분기/반기/년 목표, 계획, 실적 등을 종합적으로 관리하는 과제 기반의 일정관리시스템도 개발하였다.

또한 수석·보좌관회의, 수석실 내부회의 등 회의를 지원하는 디지털회의시스템도 구축하여 회의 안건부터 회의 진행까지 모든 과정을 지원하며, 회의 결과 및 토의사항에 대한 지시사항 하달 기능, 점검사항 등록기능, 메일 등을 통한 통지기능, 회의 이력관리 기능 등도 지

원하게 되었다. 이 밖에 통합전자문서시스템, 대통령 일정관리 및 지
시사항시스템 등 기존 운영시스템의 기능도 대폭 개선하였다(〈그림
36 참조〉).

### 〈그림 36〉 문서관리시스템 발전 과정

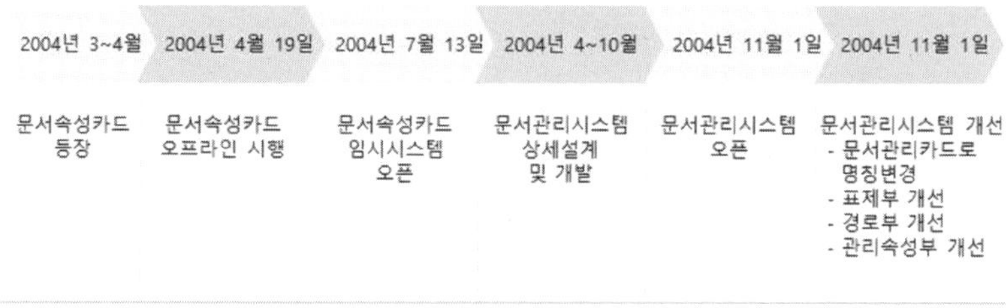

| 2004년 3~4월 | 2004년 4월 19일 | 2004년 7월 13일 | 2004년 4~10월 | 2004년 11월 1일 | 2004년 11월 1일 |
|---|---|---|---|---|---|
| 문서숙성카드<br>등장 | 문서숙성카드<br>오프라인 시행 | 문서숙성카드<br>임시시스템<br>오픈 | 문서관리시스템<br>상세설계<br>및 개발 | 문서관리시스템<br>오픈 | 문서관리시스템 개선<br>- 문서관리카드로<br>  명칭변경<br>- 표제부 개선<br>- 경로부 개선<br>- 관리속성부 개선 |

## 마. 이지원시스템 고도화: 과제관리시스템 구축
### (2005년 5월~ 2006년 3월)

3단계 구축사업은 2005년 5월부터 10개월여에 걸쳐 진행되었는데
문서관리시스템 고도화 및 과제관리시스템 구축이 핵심이었으며, 11
개 대통령 직속 국정과제위원회[37)]에 대통령비서실과 동일한 업무관리
시스템을 적용하는 사업도 함께 추진되었다. 기존의 업무일지 기록 중
심의 업무관리카드에서 보다 발전된 개념으로 목표와 계획을 수립하
고 이를 중심으로 일정을 관리하고 일지를 기록하며, 작성된 보고서가
실적으로 자동 축적되는 과제관리카드 기반의 과제관리시스템이 구
축되었다. 그리고 이러한 과제관리카드 기반 위에 비서실, NSC, 국정

과제위원회의 전략과 정책과제를 수립하고 관리할 수 있는 목표별 과제관리체계를 구축하였으며, 기존의 기능별 업무분류체계도 수정·보완하였다.

또한 과제 중심으로 일을 하는 시스템의 정착을 위하여 과제기반의 성과평가 시스템을 도입하였다. 성과평가체계 중 50% 비중을 차지하는 과제평가를 표준화하기 위해 분기별로 업무일지를 평가하는 과정평가와 반기동안 수행한 업무내용을 보고서로 제출하여 평가받는 성과평가로 나누어 과제관리카드 중심으로 업무실적을 평가하고, 개인별 과제 기여도에 따라 평가결과를 배분하는 형식으로 구성하였다. 3차 구축사업에서는 행정업무 처리과정의 첫 단계인 정보 및 자료의 수집 프로세스를 표준화하기 위한 정보의제관리시스템도 구축하였다. 업무를 처리하는 과정은 결국 정보를 처리하는 과정의 일환이다. 즉, 처음에 정보 상태에서 취득한 내용이 내부 논의를 거쳐 의제가 되고, 과제로 발전한다. 정보의제관리시스템은 개인이 취득한 정보를 시스템에 입력하고, 내부 논의를 거쳐 향후 관리할 필요가 있는 것은 의제로 발전시켜 지속적으로 점검하고 관리하는 시스템이다. 시스템에 등록된 의제는 회의 안건으로 상정되거나 보고서의 출처로 활용되며, 과제가 되기 이전 단계로써 의제를 과제와 연결시키면 과제관리카드에서 관련 의제를 조회할 수 있는 기능도 제공한다(〈그림 37 참조〉).

## 〈그림 37〉 과제관리시스템 개발 과정

| 2003년 8월 25일 | 2003년 11월 19일 | 2004년 2~11월 | 2005년 2월 1일 | 2005년 7월 1일 | 2006년 2월 1일 |
|---|---|---|---|---|---|
| 일지 형태의 업무관리카드 도입 | 업무관리카드 이지원 내 오픈 | 업무분류체계 정립 | 단위업무카드 개념 도입 및 타 시스템의 연계과제관리 카드 도입 | 연계과제관리 카드 도입 | 과제관리카드 개선 |
| - 업무관리카드 개념 설정<br>- 업무관리카드 개발<br>- 업무관리카드 활용을 위한 변화관리 | - 업무관리카드 개선<br>- 업무관리카드 이지원 내 오픈<br>- 업무관리카드 활성화를 위한 변화관리 | - 업무연계분석 시도<br>- 업무분류체계 도입을 위한 전직원 워크숍<br>- 기능별 업무분류체계 등장 | - 단위업무카드에 업무실적 자동 축적<br>- 업무분류체계 기반의 단위 업무카드 도입 | - 단위업무카드 개선<br>- 과제관리시스템 개념 정립<br>- 과제관리시스템 오픈 | - 일반과제와 관리과제 구분<br>- 과제관리카드 속성 개선 |

## 바. 의제관리-문서관리-과제관리-지식관리-기록관리 완성 (2006년 6월)

3단계에 걸친 청와대업무관리시스템 이지원 개발로 '정보관리-문서관리-과제관리'가 표준화되었으며, 문서의 보존과 재활용을 위한 체계인 '기록관리와 지식관리'를 구축하여 행정업무 처리과정 전체가 하나의 통합된 업무관리시스템으로 완성되었다. 기록관리는 2005년 6월부터 3개월간 기록관리 혁신을 위한 ISP 수립을 통해 2005년 12월 이지원에서 생산되는 정보를 누락 없이 획득하는 업무기반의 기록관리 방안을 수립하고, 기록의 공개 및 서비스를 확대하고 비밀기록의 보안을 강화하며 기록을 영구보존할 수 있는 기록관리 체계에 대한 연구결과를 제시하였다. 이후 2006년 1월부터 5개월간 기록관리시스템 (RMS: Record Management System) 구축사업을 진행하여 대통령 기록의 전자적 관리체계를 구축하였다.

한편, 지식관리는 2005년 6월 27일 대통령의 청와대 지식경영 시스템 추진 내실화 지시에 따라 비서실 학습동아리인 '비서실 지식관리 방안 연구회'를 구성하면서 구체화되었다. 연구회에서는 민간기업과 공공기관의 벤치마킹 등을 통해 지식관리 추진전략과 추진과제를 마련하였다. 추진전략은 이지원 기능을 최대한 활용하고 다양한 개인화 기능을 통해 효율성을 향상시키며 대국민 서비스 제공은 단계적으로 추진한다는 것을 주요 내용으로 하고 있다. 추진과제는 지식내용과 속성이 통합된 다차원 지식지도 개발, 지식의 가공 및 등록 방법을 효율화시킨 사용자 중심의 지식관리시스템 구축, 지식관리의 성공적 정착을 위한 활성화 방안 도입 등이었다. 이후 2005년 12월 28일 학습동아리의 연구결과를 참고하여 비서실 지식관리의 개념을 정의하고 지식관리시스템 구축방안을 보고하였다. 이를 정리하면, 첫째, 업무처리과정을 통해 생산된 문서를 지식의 형태로 재가공하여 공유하고 재활용할 수 있도록 하며, 둘째 업무매뉴얼 및 성공·실패 사례를 잘 정비하여 과제관리카드의 완성도 및 활용도를 높이고 핵심지식 창출 능력도 향상시켜 나갈 수 있도록 유도하고, 셋째 지식마일리지제도의 도입과 지식관리 프로세스를 최소화하여 지식생산 활동을 활성화하는 내용이다.

＊출처: 『청와대 업무관리시스템 이지원 개발 백서(2006)』中

# 온-나라(On-Nara) 정부업무관리시스템
# 개발 과정

이지원 3차 사업 시점부터 청와대업무관리시스템의 행정부처 확산을 위한 노력을 기울이기 시작하였다. 행정부처 의견 수렴은 업무성격이 다른 행정자치부, 노동부, 통일부, 정보통신부, 산업자원부 등을 선정하여 이지원시스템을 설명하고 일반 공무원들의 의견을 수렴하였다. 그 결과 업무 효율성 제고 및 정책이력관리를 위해 행정부처에도 이지원시스템의 도입이 필요하다는 결론과 함께 다음과 같은 몇 가지 고려사항이 제안되었다.

첫째, 중간관리자는 시민단체·국회 및 감사원 등이 자료제출을 요구하여 의사결정과정 중에 제시한 의견에 대하여 책임을 추궁할 것을 우려하여 기록으로 남기는 것에 소극적이며, 고위관리자는 시스템을 사용할 시간이 부족하여 대면보고 후, 전자적으로 결재 처리하는 문화가 있다.

따라서 새로운 업무관리시스템을 확산하는 것뿐만 아니라, 일하는 방식을 개선하기 위한 마인드 교육과 시스템 교육을 병행 실시함으로써 시스템을 통한 일하는 방식을 개선하도록 유도하고 효율적인 업무 프로세스가 정착되도록 해야 한다.

둘째, 일반 행정기관에는 단순 집행업무가 상당부분을 차지하고 있는데, 단순 집행업무의 처리방식과 의사결정이 필요한 정책·과제 처리를 위한 업무관리시스템의 운영방식이 정리되어야 한다. 2004년 전 중앙행정기관이 신전자결재시스템[38]을 도입하여 사용하고 있으므로, 문서관리카드[39]가 전자결재시스템에 자동으로 연계 되도록 한다.

셋째, 부처 확산은 1단계로 전자정부를 주관하는 행정자치부에 시범 적용하여 행정부처의 특성에 맞는 표준모델 초안을 개발하고, 2단계로 서로 특성이 다른 4-5개 부처를 적용하여 표준모델을 보완한 후, 3단계로 전 중앙행정기관으로 확산하는 형태로 단계적으로 추진한 이후, 지방자치단체 및 유관기관에 확산해야 한다.


행정자치부는 2003년 8월 확정된 전자정부 로드맵의 '국정과제 실시간관리시스템 구축' 및 '정부 기능연계모델 구축' 과제에 따라 2004년 6월 '온-나라시스템구축을 위한 BPR/ISP'를 추진하였다. 이 사업을 통해 2004년 12월, 1차 정부업무관리시스템의 모델을 확정하고 정부 내 확산계획을 마련하였다. 정부업무관리시스템은 청와대 이지원 시스템의 문서관리시스템과 과제관리시스템을 기반으로 기존 전자결재시스템과 연계되도록 설계하였으며, 그 후 고객관리와 성과관리를 추가 보완하였다. 행정자치부가 시범적으로 적용한 정부업무관리시스템은 크게 업무관리시스템과 정부기능연계시스템으로 구성되며 추

가로 성과관리시스템, 고객관리시스템을 포함하였다. 2005년 7월 개
통한 행정자치부 통합 행정혁신시스템 하모니(Hamoni: Harmonized
Model of New Innovation)의 구성도는 〈그림 38〉과 같다.

## 〈그림 38〉 행정자치부 통합행정혁신시스템(Hamoni) 구성도

정부업무관리시스템

| 정부기능연계 | 업무관리 | 타 시스템과 연계 |

대통령
국무총리

BRM 서비스

기능별 분류
- 영역별 정보 / 조직별 정보
- 속성 정보 / 단위과제 현황

업무
담당자

목적별 분류
- 목적별 정보 / 관리과제 현황

부처별
BRM
담당자

변화 관리
- 분류체계 관리 / 매핑관리

유관 시스템 연계

단위과제
- 기능별 분류연계 / 약식과제 관리카드
- 업무일정 / 추진실적

관리과제
- 목적별 분류연계 / 정식과제 관리카드
- 계획관리 / 품질관리

문서 관리
- 온라인 보고 / 문서관리 카드

지시사항 관리

성과관리
성과체계
성과평가
다면평가
인사보상

고객관리
맞춤형 서비스
실시간 상황 조회
고객만족도 평가

혁신관리

법령(법제처), 규제정보(규제개혁위원회), 예산(기획예산처),
조직/개인, 정보화(행정자치부)

정부업무관리시스템은 정책결정 과정의 이력정보를 관리하는 문서관리와 업무지식을 과제관리카드로 축적하고 시스템에 의한 업무수행을 지원하는 과제관리로 구성된다. 정책품질 관리[40] 기능과 주요 정책과제를 효율적으로 분석·관리할 수 있는 수단(Tool)을 제공하며, 정부기능 연계모델(BRM: Business Reference Model)과 연계하여 기능별·목표별 분류에 따라 단위과제별로 업무수행과 관련된 정보들을 종합적으로 제공한다. 정부기능연계시스템은 부처간 경계를 넘는 범정부적 기능별 분류를 토대로 정부기능과 관련 조직, 인사, 법령, 예산 등을 체계화하여 제공하고 또한 부처별 연두업무 보고 과제 중심의 목표별 분류를 제공한다. 기능별, 목표별 분류는 업무관리시스템의 단위과제와 연계된다.

이를 통해 정부기능연계시스템은 정부자원(인력과 예산 등)의 효율적 관리를 위한 핵심적 도구로써의 역할을 수행하며 서비스 중심의 정부기능 분류체계의 표준을 제공한다. 보다 구체적으로 설명하면, 중앙부처 각 기관은 직제에 따라 대기능, 중기능을 정의한 다음 직제상 단위사무를 기준으로 소기능을 정의하였다. 이 조사결과 정부가 상시적으로 수행하는 기능은 20개 정책분야, 78개 정책영역, 140개 정책상세영역, 190개 대기능, 660개 중기능, 3,600개 소기능, 17,800개 단위사무로 분류되었다. 다음으로 정부 업무관리시스템을 구축하기 위한 표준안이 제시되었다. 업무등록·업무추진 및 업무종결 등의 프로세스에 따라 각 사용자별로 표준 인터페이스가 제시되었고, 각 인터페이스에서 필요한 정보를 검색할 수 있는 화면구성이 제안되었다. 각 부처에서는 기능분류시스템을 통해 단위사무를 정의하고, 이를 정부 업무관리시스템의 과제관리카드로 관리하도록 하여, 국가 전체의 업무진행상황을 실시간으로 공유할 수 있도록 기능분류시스템과 정부 업무관리시스템을 연계하도록 하였다. 아울러 안보 및 공안 부처, 개인정보 취급부처 등 부처의 성격과 부처의 규모와 관리·운영의 용이성 등에 따라 부처단독형 또는 다수부처 공용형 등 다양한 시스템 구축방안이 제시되었다.

이러한 시스템 구축방안에 따라 행정자치부, 정부혁신위원회, 청와대 등 정부 내 관련기관은 서로 토론을 진행하였다. 그 결과 각 기관마다 업무관리시스템을 따로 설치하되, 안보 등의 특수한 사정이 없는 한 범정부 공통으로 사용하는 하나의 기능분류시스템과 연계되도록 하였다.(※ 정부 업무관리시스템은 이후 온-나라시스템으로 명칭이 확정됨). 지금까지 정부의 비전과 목표는 추상적이고 나열적이어서 국민들은 쉽게 이해하기 어려웠고, 각 부처의 공무원들의 입장에서도 자신의 구체적인 일에 반영 되지 못하고 구호에 그치는 경우가 많았다. 그러나 온-나라시스템을 통한 과제관리는 대통령이나 국무총리, 장관이 누구든 국가경영의 틀 속에서 구체화된 정책을 개발하고 운영할 수 있는 도구가 될 때 비로소 제대로 역할을 다하게 될 것이다. 정부는 앞으로 더욱 편리하게 시스템을 개선, 보완하여 몸에 꼭 맞는 편안

한 시스템을 만들어 세계 일류의 경쟁력 있는 정부를 만드는 것을 목
표로 삼았었다.

＊출처: 참여정부 국정브리핑(2007.2.22.)

# 노무현 대통령의 디지털 마인드

1.구술일자: 2001년 10월 14일

2.구술장소: 서울 여의도 금강빌딩 자치경영연구원 사무실

3.구술분량: 23분 기초 / 일부 공개

4. 주요내용: 노하우 프로그램 개발

　　연구소를 하면서 세미나 같은 걸 이렇게 조직하고 하게 되면 많은 자료들이 축적됩니다. 자료들 중에서 의원에 관한 자료, 그 다음에 세미나 같은 데 와서 발표를 해줄 전문가들에 관한 자료, 실제로 관련된 지식, 결과, 비용, 이런 등등에 관한 자료들이 쭉 있는데, 이걸 명부라든지 이런 자료 파일로 관리를 하게 되면 결국 나중에 또 새로운 비슷한 일을 할 때 재활용이 참 잘 안 됩니다. 축적된 자료가 재활용이 잘 되질 않고, 전부 새로 또 만들어야 되고. 그러면서 기존의 인명자료에 관한 것은 주소가 바뀌고, 전화번호도 바뀌고, 이런 것들을 제대로 항

상 축적하고 일상적으로 업데이트되고 재활용할 때 즉시 재활용할 수 있는 그런 시스템이 필요하다.

그 다음에 일의 진행과정에 관해서 몇 사람이 함께 일을 분담했을 때 각기 진행되고 있는 일들이 순간순간, 매 시기마다 보고가 되어 점검되지 않으면, 다른 사람이 한 일의 진도를 확인하지 않으면 내가 할 수 있는 일을 판단하기 어려운 경우가 있지 않습니까? 그런 경우가 있어서 매 시기, 그 즉시즉시 그야말로 온라인으로 정보가 집중되고 그래서 일일이 또 확인하지 않더라도 일의 진도를 쭉 확인할 수 있는 이런 시스템 같은 것이 필요하다 해갖고, 그래서 그걸 할 수 있는 소프트웨어를 만들자. 그래 가지고 시작을 했어요.

처음에 아주 간단한 건 줄 알고 예산 백오십(150)만 원 가지고 시작을, 만들었는데 그게 그렇죠, 백오십(150)만 원 갖고 시작했다가 나중에 작업을 하면서 칠백(700)만 원으로 불었다가 그 뒤에 육천(6,000)만 원짜리 프로젝트가 됐다가 결국 그 뒤에 다 걷어치우고 새롭게 이(2)억 원 정도, 개발비가 이(2)억 원을 새로 투자해 가지고 프로그램을 완성해 쓰고 있지요. 그걸 개발해가는 과정에서 데이터베이스에 관해서 책을 사가지고, 처음부터 책을 사가지고 원리에 대해서 공부를 다 하고. 컴퓨터 프로그램의 원리, 프로그램의 종류와 원리에 대해서 공부를 하고, 데이터베이스의 구조에 대해서 (공부)하고, 그 다음 우리 프로그래밍 기술로써 구현할 수 있는 것과 구현할 수 없는 것들에 대해서 정보도 여러 가지 수집하면서 주문서를 다 썼지요.

주문서를 쓰는 과정에서 내가 다루고 있는 정치 업무 그리고 연구소 업무 전반에 관해서 직무를 전부 다 분석해가지고, 직무처리 과정을, 처리과정과 축적과 재활용의 시스템, 그래서 정보처리 과정에 대한 것을 전부 새로 분석해가지고 프로그램 기획안을 내 손으로 직접 짰지요. 짜가지고 세 번에 걸쳐서 수정해갖고 지금 거의 완성된 것을 쓰고 있습니다. 거기에 우리가 하고 있는 게 일정에 관한 거, 인명정보에 관한 거, 그 다음에 자료, 회계가 전부 통합되고. 그 다음에 인명 부분에 관해서는 정당에서 만들어지는 작은 위원회라든지, 이런 작은 명부들, 인명을 기초로 해서 작은 명부로 집단을 묶어내는 그런 수만 개의 명부를 계속 생산해낼 수 있는, 생산하고 축적할 수 있는 그런 강력한 프로그램이 된 셈이고.

예를 들면 지금 중앙당과 지구당 조직 전체를 연결해서 사용자 수백 명, 수백 개 이상의 일정 화면을 통합해서 관리할 수 있도록 이렇게 만들어 놨어요. 서로, 상호 이렇게 확인할 수 있는 이런 시스템. 그렇게 해서 지금 나는 쓰고 있습니다. 연구소에서 쓰고 있는데, 이 부분은 결국은 크게 성공하지 못했습니다.

결국 이런 프로그램이라는 것은 사용하면서 상품화 하든지 해가지고 비용을 회수하면서 다시 재투자 해나가고 이렇게 해나가야 되는데 제가 해놓은 업무의 분석이나 표준화가 너무 상세, 세밀해가지고 사람들이 일상에 있어 필요로 느끼는 것보다 좀 더 복잡해요. 그래서 여러 사람하고 상의를 해보니까 상품화의 가능성이 없다는 것이었어요. 상품화의 가능성이 없으니까 지금 내 혼자 여력으로서는 이상 더 발전시키는 것이 어렵지요. 어려워서 지금은 우리만 쓰고 있는 수준, 우리만 그 기능에 일부분만 쓰고 있는 수준입니다.

지금 현재로선 프로그램은 프로그램으로서 성공하지 못했다고 말할 수 있고, 그러나 어쨌든 이 와중에 소위 지금 흔히 이야기하고 있는 지식 공유 시스템, 날리지 쉐어(Knowledge Share) 이렇게 얘기하기도 하고, 날리지 매니지먼트 시스템 (Knowledge Management System) 이렇게도 이야기하고, 그런 데 대해서 기본 개념을 가지고 있지요. 컴퓨터나 인터넷에 대해서는 앞선 개념을 갖게 된 건 사실이죠. 이 과정에 상당한 전문가들의 얘기, 말귀를 잘 알아듣는 수준은 돼있지요. 개념도 가지고 있게 되고, 내가 만들어 놓은 것이 우리 조직에서 활발하게 쓰면 바로 그것이 그렇게 응용될 수 있는 내용을 가지고 있습니다. 해양수산부 장관으로 있을 때 이 개념을 가지고 해양수산부에서 지식경영시스템을 하자고 해서 전산팀들 하고 여기에 대해서 디스커스(discuss)를 하고 시스템으로 개발 계획을 서로 의논하다가 내가 그만두고 말았죠, 그 뒤에 되고 있는지 모르겠습니다만.

에피소드 하나 이야기한다면 이 작업을 하면서 그 전체의 구조에 관해서, 구조와 요구사항에 관해서 처음에는 종이에다 일일이 다 적었어요. 구조와 요구사항을 쭉 적었는데. 두툼한 바인더 노트 하나에 가득될 만한 내용을 주문서로 만들게 됐는데, 그 주문서 만드는 동안에 한 열 권 정도의 종이를 소모해서 수정하고 수정하고 해갖고 완결해낸 것이 페이지 수로 아마 에이포(A4)용지 한 삼백(300)페이지. (웃음) 그래 빽빽하게 만들어서 지금 어디 가버렸는지 없어요. 그게 두 번째 주문할 때, 두 번째 버전을 만들 때(이고), 세 번째 버전 만들 때는 그것도 없이 프로그래머들한테 주욱 설명을 하고. 두 번째 걸 그래 가지고 없어져버렸기 때문에, 설명을 하고 받아 적고 이렇게 하는데 순서도 안 틀리고 한 다섯 시간 주욱 그렇게 설명을 하고 그렇게 했어요. 프로그래머들이 지쳐가지고 학질 떼고. (웃음) 그렇게 하고 다음 프로그램 중간하면 그걸 그대로 하나도 빠뜨리지 않고 다시 주욱 그걸 해나가고 해서 아예 이 친구들이 날 만나길 질려버렸다는 소릴 들었어요.

대체로 정보화라는 것이 원체 넓은 영역에 응용되고 있고, 우리 삶의 형태랄까 이 걸 전체적으로 바꾸어나가는 아주 엄청난 혁명적인 것이라서, 원체 넓고 해서 대체로 이 일을 통해서 상당히 그 부분에 지식을 넓게 갖게 된 건 사실입니다. 여기에 대해서 뭘 좀 많이 알게 됐다는 것보다 '노하우' 이런 뭐라 그럴까, 새로운 지식이나 현상을 개혁·개선한다든지 어떤 새로운 시도를 한다든지 정치에 있어도 항상 해왔던 그런 새로운 시도와 도전이라는 성격의 한 표현 아닌가, 이렇게 생각할 수 있고. 그 다음에 그런 성격이 실천된 것이고, 프로그램에 도전해봤다는 것은 그런 성격을 상징하는 것이고(요).

다만 이제 내가 이걸 통해서 업무를 표준화하고, (그런 거 하는 데) 치밀하다, 좋게 말해서 아주 치밀한 성격의 일단을 표현한 것이지요. 정치할 땐 이렇게, 정치는 치밀하게 하지 않습니다. 정치는 대게 큼직큼직하게 봐서 정교하게 따지지 않고 큰 흐름을 타고 가고, 정치는 좀 세세하게 잘 따지지 않습니다. 크게 크게 보아서, 큰 흐름을 짚어서 결정을 내린다면 구체적인 업무에 관해선 굉장히 치밀한 성격이랄까. 그런 일단이 프로그램에 나타났다고 말할 수 있지요. 그럼에도 불구하고 내가 좀 스스로를 의문스럽게 생각하는 것은 프로그램을 여러 사람한테 보이니까 '이렇게까지 세밀하게 할 필요가 있느냐' 라는 평을 계속 듣고 있거든요. '이렇게까지 정교하게 업무를 표준화할 필요가 있느냐' 라는 견해를 많이 들었어요. 나는 그게, 그래서 요즘 기가 많이 죽어 있습니다. (웃음)

어떻든 입력이 좀 번거롭다고 생각을 해요. 나는 필요하다고 생각하는데. 예를 들면 이런 거지요. 우리는 보통 일정표를 쓰면 일정표만 생각하지 않습니까? 내가 어떤 약속이 정해진 일정만 생각하는데 우리가 일상에 있어서는 초청은 받았지만, 초청장을 수두룩하게 받지 않습니까, 정치하는 사람들. 초청장은 많이 받았지만 참석여부에 대해서 아직 결정을 내리지 못하고 우선순위를 지금 판별하고 있는 동안 그 기록은 따로 관리해야 되지 않습니까? 그 부분을 따로 별도로 관리하고 그리고 또 나아가서는 국회의원이라고 하면 국회가 진행되고 있는 일정은 또 항상 배경으로 염두에 둬야 되지 않습니까? 그러면서 내가 가지고 있는 일정의 계획과 이 삼(3)자를 상시 비교할 수 있도록 입력을 해야 된다고 하면 보통의 일정표론 안 되죠. 단순한 일정표로 안 되는데, 예를 들면 그런 것을 할 수 있게 돼 있고, 그런 것까지를 포함해서 일정을 관리하는 데 발생할 수 있는 모든 케이스가 다 분류해서 관리가 되도록 그렇게 돼 있습니다. (웃음)

그런 것에 대해서 사람들은, 보통의 일상생활을 하는 사람들은 그게 생소하지요. 대게 머릿속에 기억으로 처리할 수 있는 것이 대부분이지 않습니까? 내 개인이 아니라 연구소라는 조직으로 생각해서 하나의 정보를 여러 사람이 공유하면서 그 모든 주변 상황들을 고려해서 일정들을 관리해나갈 수 있도록 그렇게 만들어 놓은 것이, 그런 점에서 차이가 나지요. 심지어는 우리 연구원, 연구소 직원들이 개인 개인이 일일이 무슨 보고서를 쓸 거 없이 자기 일정표 일정을 공개, 비공개로 해서 구분해두면 누구라도 그 일정에 가서 공개된 일정을 확인하면서 그 사람이 현재 있는 위치 같은 이런 것을 다 확인할 수 있게, 조직의 일정이 전부 개별적으로 관리 되고 또 통합해서 관리되고 하는 이런 복잡한 구조가 돼있습니다. (웃음)

그거(성격)하고 관련해선 제가 어디 식당에 가면 아무렇게나 앉아버리잖아요, 자리를 앉아버리니까 어떤 테이블에는 두 사람 앉고 어떤 테이블에는 네 사람 앉고 뭐 삐뚤삐뚤 들쑥날쑥 앉아 있거든요. 그럴 때 종업원, 찬을, 식탁을 차리러 온 종업원들 인상을 보면 난감해 한단 말이에요. 그런 경우가 있기 때문에 제가 식당에 가면 꼭 사람 수를 헤아리고 누구누구누구 이렇게 몇 명씩 테이블로 안배해 앉으라고 맨날 지시를 하거든요. 그러면 우리 참모들은 좀 어이없는 표정으로 절 쳐다봐요. 왜 대장이, 자질구레한 이런 일에, 식당에 와가지고 식탁에 앉는 자리, 여기 앉아라, 저기 앉아라, 그런 거 간섭하는가. 이런 좀 어이없는 표정으로 절 쳐다보거든요. 쳐다보는데, 저는 그래서 욕먹을까 싶어 안 하려고 하는데 가면 나도 모르게 또 "그쪽에 세 사람으로 골라 앉아라" 자꾸 해요. 그러니까 그래 하면서도, 야 이거 '좁쌀대장' 이라고 욕먹지 않을까 싶은 생각이 들지요. 그런데 아주 세심합니다. 그래야 서비스하기가 좋잖아요.

아주 세심하고 그런 데가 있는가 하면, 정치하는 사람이 참모들에게 나만큼 일을 많이 맡겨놓고, 말하자면 일을 맡겨놓고 간섭을 적게 하는 사람도 아마 많지 않을 겁니다. 굉장히 권한의 위임을 많이 하는 쪽입니다. 업무를 많이 위임하고 맡기면 거의 간섭하거나 잔소리를 하지 않고 결과만 챙깁니다. 그런 면에선 지금 내 일정도 비서실에서 다 관리하고 거의 내가 일정을 직접, 일정 관리를 비서들이 전부 관리하면서 나도 필요하면 일정을 요청해가지고 일정을 집어넣거든요. 회계 처리 문제라든지 이런 부분은 내부 견제시스템만 만들어 놓고 저는 거의 결재를 하는 일이 없습니다. 변호사 할 때도 그랬었고. 그리고 어떤 정치적 판단을 할 때도 자질구레한 요소들은 변수로서 한번 주욱 점검하곤 다 버리거든요? 다 버리고, 아까 말했다시피 큰 흐름으로 판단하고. 그래서 굵게 판단한다, 이렇게 말할 수 있지요. 굵게 판단하고 세밀히 따지지 않는 부분이 아직도 많습니다. 꼬치꼬치 세밀히 뭐 따지지 않는 그런 성격이지요. 그래서 자율권이 상당히 높고 남들한테도 무질서하고 자유 분방하게 보이는 그런 측면이 있습니다. 그래 프로그램과 관련해서 제가 그런 두 이미지, 아주 좀 극단적인 양면성을 갖고 있습니다.

이 프로그램을 사용하게 되면 업무의 방식을 말하자면 지금까지 대강대강 처리하던 것을 전부 표준화하게 돼있거든요? 새롭게 표준화하고, ISO 9003 이런 것처럼 표준화하게 돼있습니다, 모든 업무를. KS 할 때도 주욱 과정이 업무 프로세스가 전부 표준화 돼있거든요. 근데 그 부분을, 우리 사무실 일을 그렇게 바꾸어가야 되는데 아직 그걸 우리 사무실에 못 하고 있거든요? 못 하고 있는데, 못 하는 이유는 불가능하거나 사무(원)들이 듣지 않아서라기보다 보따리를 하도 자주 쌌기 때문에 할 수가 없었어요. 완성된 이후 내가 보따리를 하도 자주 쌌기 때문에 이 일을 거기에 적용할 수가 없었어요. 그거 하자면 상당 기간 훈련이 필요하거든요. 이거는 안 되는 거나 무리한 것이 아니고, 할 수 있는 일이고 해야 되는 일입니다. 해야 되는 일인데, 하도 보따리를 자주 쌌고, 이거 하기 위해서는 직접 제가 교육을 해야 됩니다.

그래서 우리가 전자정부니 지식경영시스템이니 이런 것들이 정말 쉽지 않은 일이라고 생각은 하고 있지요. 프로그램 하나 만들어서 툭 던져주면 저절로 돌아가는 일이 아니다. 말하자면 우리가 표준화 마인드라는 것을 가져야 됩니다. 업무의 프로세스에 대해서 표준화 마인드라든지 이런 것들을 새롭게 해가는 습관의 변화이기 때문에. 습관의 개혁이기 때문에, 행정개혁 문제에 대해서 생각을 하는데 전자정부라든지 행정개혁이라든지 (웃음) 그 지식경영시스템이라든지 이런 것이 아주 어렵고 끝없는 문제라고 생각을 합니다.

*출처: 사람사는세상 노무현 사료관 中

|참고 문헌|

• 『1등의 습관』, 찰스 두히그 지음, 2016, ALFRED
• 『공개하고 공유하라』, 제프 자비스 지음, 2013, 청림
• 『구글은 일하는 방식이 다르다』, 버니드 지라드 지음, 2010, 예문
• 『노트 3권의 비밀』, 미사키 에이치로 지음, 2013, 시그마북스
• 『다산 선생 지식경영법』, 정민 지음, 2008, 김영사
• 『대통령 보고서(청와대비서실의 보고서 작성법)』, 조미나 외 지음, 2007, 위즈덤하우스
• 『대통령 없이 일하기』, 김은경 · 노혜경 외 지음, 2017, 행복한책읽기
• 『대한민국은 혁신중』, 전기정 지음, 2005, 리더스북
• 『인에비터블:미래의 정체』, 케빈 켈리 지음, 2017, 청림출판
• 『일 잘하는 사람의 6가지 원칙』, 후지야 신지 지음, 2014, 길벗
• 『일 잘하는 습관 60 (당신의 5일이 즐거워진다)』, 유키모토 아키노부 지음, 2007, 에이지21
• 「정부기능 연계시스템 구축」, 고윤석, 정부혁신지방분권위원회, 2007.5.16.
• 『정부혁신의 전략과 변화관리』, 차의환 지음, 2007, KMAC
• 『참여정부 국정운영백서 -시스템혁신, 투명한 비서실』, 업무혁신비서관실 지음, 2007, 대통령비서실
• 『참여정부 국정운영백서 -정부업무관리의 새로운 지평을 열다(온-나라 업무관리시스템)』, 업무혁신비서관실 지음, 2007, 대통령비서실
• 『청와대업무관리시스템 e知園 개발 백서』, 강태영 · 민기영 · 조미나 지음, 2006, 대통령비서실
• 『청와대업무관리시스템 e知園 메뉴얼』, 2007, 대통령비서실
• 『혁신, 제대로 합시다 -혁신의 실행과 확산(대통령의 혁신 생각)』, 2005, 국정홍보처

|찾아보기|

1) 강태영, 민기영, 조미나 저, 『청와대업무관리시스템 이지원 개발 백서』,
대통령비서실

2) 대통령비서실 업무보고 (2004. 2)

3) 디지털청와대 추진 회의(2003. 7)

4) 한국, WEF 국가경쟁력 평가에서 26위… 3년째 제자리 (KBS뉴스,
2016.9.28.) http://news.kbs.co.kr/news/view.do?ncd=3351980&ref=A

5) 개혁무풍… 관료 경쟁력 '바닥' (경향신문, 2015.9.30.)
http://biz.khan.co.kr/khan_art_view.html?artid=201509302340515&code
=920100

6) 품질경영(Quality Management)이란 고객 만족을 달성하기 위해 주로 제품
과 서비스 품질 관리에만 주력했던 기존 방식에서 벗어나, 기업 활동의 전
반적인 분야의 품질을 높이는 데 주력하는 경영 방식이자 이념이다.
에드워드 데밍(Edwards Deming, 미국, 1900-1993)은 품질경영의 아버지로
불리고 있다. -[네이버 지식백과]

7) PDCA(plan-do-check-act) 사이클은 Plan(계획)-Do(실행)-Check(평가)-
Act(개선)의 4단계를 반복하여 기업의 생산 및 품질 등을 지속적으로 개선
하기 위한 관리방법이다. 월터 슈하트(Walter A. Shewhart), 에드워즈 데밍
(W. Edwards Deming) 등에 의해 유명해졌다. PDCA 사이클을 Deming
circle/cycle/wheel, Shewhart cycle 또는 control circle/cycle, plan-do-

study-act(PDSA)라고도 한다. [위키피디아]

8) 대통령비서실 내부 간담회(2004.6)

9) 이지원 고도화 보고(2004.8)

10) 「해외 경영우수모델의 역사적 고찰에 관한 연구」, 이현수·오원정, 연세학
술정보원, (사)한국경영사학회 2016.3.31

11) 정민 저, 『다산선생 지식경영법』, 2008, 김영사, 149~159 페이지

12) 노트를 작성하는 것과 같이 정보를 축적하고 저장하기 위한 소프트웨어이
자 웹 서비스이다. 컴퓨터와 스마트폰을 통한 개인 문서 관리 시스템이라
고 할 수 있다.-[네이버 두산백과]

13) 2mm 간격의 미세 코드(N코드)를 인쇄한 종이와 광학식 카메라를 탑재한
펜을 통해 작성하는 것이다. 펜으로 N코드를 인쇄한 종이에 가져다 대면,
해당 위치를 기억해 필요한 정보를 전송하는 방식이다. 종이의 위치 정보
를 빠르게 인식하고, 이를 바탕으로 다양한 정보를 연계해 사용자에게 필
요한 것을 보여준다(http://it.donga.com/20109/).

14) EDMS(Electronic Document Management System): 다양한 형태의 문서와
자료를 그 작성부터 폐기에 이르기까지의 모든 과정을 일관성 있게 전자적
으로 통합 관리하기 위한 시스템이다.

15) 노무현 대통령비서실 보고서 품질향상 연구팀, 『대통령 보고서』, 2007, 위
즈덤하우스

16) 대통령비서실 업무연계분석 토론회(2004. 2)

17) 정민 저, 『다산 선생 지식경영법』, 2008, 김영사, 124~135 페이지

18) 도서의 분류체계의 한 가지로 서양에서 사용하는 듀이십진분류법(The Dewey Decimal Classification System)을 우리나라 실정에 맞게 변형시켜 만든 것. KDC(Korean Decimal Classification)라고 약칭한다. 모든 도서들을 그 주제에 따라 우선 크게 10가지 유형, 즉 총류 · 철학 · 종교 · 사회과학 · 어학 · 순수과학 · 응용과학 · 예능 · 문학 · 역사서로 나누고, 다시 이를 10가지로 세분하기 때문에 십진분류법이라고 부른다. 이러한 KDC를 대한출판문화협회에서는 다시 조금 변형시켜, 즉 이에 아동도서와 학습용 참고서를 별도의 유형으로 추가하여, 모두 12가지 유형으로 나누어 도서들을 분류하고 있는데, 이는 아동서적과 학습참고서가 우리나라에서 발행하는 서적의 전체 종수의 33%를 차지할 정도로 많기 때문이다. [네이버 지식백과] KDC [Korean Decimal Classification]-한국 십진분류법(韓國十進分類法)

19) 유키모토 아키노부 저, 『당신의 5일이 즐거워진다: 일 잘하는 습관 60』, 2007, 에이지21

20) 녹지원은 청와대 안에 있는 정원이다.
면적은 약 3,300㎡이며, 1968년에 조성되었다. 이곳은 원래 경복궁의 후원으로 농사를 장려하는 채소밭이 있었으며, 과거를 보는 장소로 이용되기도 했다. 일제강점기에는 총독관저의 정원이 되면서 가축사육장과 온실 등의 부지로 이용되던 것을 1968년에 전체 면적에 잔디를 깔고 정원으로 조성했다. 이곳에는 수령 310년, 높이 16 m의 한국산 반송(盤松)이 있어,

녹지원이라 명명했다. 야외행사장으로 이용되며 매년 어린이날, 어버이
날, 장애인의 날 등에 다채로운 행사가 개최된다. 소재지는 종로구 세종로
1번지이다.

[네이버 지식백과] 청와대녹지원 [靑瓦臺綠地園] (두산백과)

21) 국무회의(2004. 7)

22) 국가기록원 발표에 따르면 참여정부가 이관하는 기록물이 전자문서 116
만 건을 포함해 약 350만 건으로 이는 국가기록원이 소장하고 있는 역대
대통령 기록물인 약 33만 건의 10배가 넘는 분량이라고 덧붙였습니다.
(YTN, 2008.1.22.) http://www.ytn.co.kr/_ln/0101_200801221944542981

23) 네이버 블로그「뒤에서 보면의 뒤집어 보기」, 민주주의 관료행정시스템과
유엔미래보고서, 2008. 11. 22, 게시작성자 whook9

24) 후지야 신지 저,『쉽게 배우는 피터 드러커의 자기경영노트 -일 잘하는
사람의 6가지 원칙』, 2014, 길벗

25) '20%' 시간 : 모든 구글 엔지니어들은 업무 시간중 20%(주 5일 근무 기준
으로 일주일중 하루)를 그들이 흥미로워하는 프로젝트에 사용하도록 권장
된다. 몇몇 구글의 새로운 서비스들, 예를 들어 Gmail, 구글 뉴스, Orkut,
AdSense는 이러한 직원들의 독립적인 프로젝트들에 의해서 시작되었다.
구글의 검색 제품 및 고객 경험 파트의 부사장인 매리싸 마이어는 스탠퍼
드 대학에서의 연설에서 새로 론칭되는 서비스의 50%가 이러한 20% 시간
을 통해 시작되었다고 말한 바 있다. -김은지 (2007.8.3.)「구글 성공의 비
결은? 20% 법칙」, 한겨레

26) 구글 지도(영어: Google Maps)는 구글에서 제공하는 지도 서비스이다. 구글 지도는 위성 사진, 스트리트 뷰, 360° 거리 파노라마 뷰, 실시간 교통 상황 (구글 트래픽), 그리고 도보, 자동차, 자전거(베타), 대중 교통의 경로를 제공한다.-[네이버 위키백과]

27) 미사키 에이치로 저, 『노트 3권의 비밀』, 2013, 시그마북스

28) 정민 저, 『다산 선생 지식경영법』, 2008, 김영사, 139~148 페이지

29) 정민 저, 『다산 선생 지식경영법』, 2008, 김영사

30) 정민 저, 『다산 선생 지식경영법』, 2008, 김영사, 59~68 페이지

31) 정민 저, 『다산 선생 지식경영법』, 2008, 김영사, 2강 (81~135 페이지)

32) 스마트워크 시스템의 사용자 만족 영향요인 (The Effect Factor of End User's Satisfaction For Smart Work System), 정창현 (서울벤처대학원대학교, 2014)

33) 대통령비서실 혁신담당관과의 간담회(2004.7)

34) 케빈 켈리 저, 『인에비터블 미래의 정체 12가지 법칙으로 다가오는 피할 수 없는 것들』, 2017, 청림출판, 20 페이지

35) 제프 자비스 저, 『공개하고 공유하라』, 2013, 청림출판

36) 케빈 켈리 저, 『인에비터블 미래의 정체 12가지 법칙으로 다가오는 피할

수 없는 것들』, 2017, 청림출판, 1장 (21~48 페이지)

37) 11개 대통령 직속 국정과제위원회: 정책기획위원회, 정부혁신위원회, 국
　　가균형위원회, 지속가능위원회, 교육혁신위원회, 농어업위원회, 과학기술
　　위원회, 국민경제위원회, 차별시정위원회, 동북아위원회, 사람입국일자리
　　위원회

38) 기존의 전자결재시스템의 기능을 각 행정기관의 기관 포털(portal)에 연결
　　하여 문서관리, 정책정보관리, 전자보고, 일정관리, 커뮤니티, 전자우편 등
　　이 가능하도록 만든 시스템. 특히 정책정보관리를 통하여 각종 지시사항
　　처리 및 보고를 가능케 하고 문서관리기능을 강화하여 단위과제분류기준
　　에 따라 체계적으로 문서를 보관할 뿐만 아니라 기록물관리시스템과 연계
　　하여 전자적으로 문서를 이관할 수 있도록 기능을 개선함.

39) 문서의 생산, 유통, 기록까지 문서의 라이프사이클을 체계적으로 관리하
　　기 위해 고안된 문서양식. 문서관리카드를 통해 누가 어떤 정보를 바탕으
　　로 문서를 생산하였고, 어떠한 보고와 검토과정을 거쳐서 정책이 결정되
　　었는지를 한 눈에 알 수 있음.

40) 정책품질 관리 : 정책 추진의 각 단계(구상-형성-확정-집행)별 점검 항목을
　　지정하여 정책단계의 품질 점검을 의무하고, 이를 통해 정책의 품질을 높
　　이는 것을 말한다.

# 감사의 글

『이지원, 대통령의 일하는 방식』 초고를 열정과 의지를 갖고 보면서 정성스럽게 코멘트 해 주신 분들이 있습니다. 이 중에는 참여정부에서 이지원을 함께한 분도 있지만 그렇지 않은 분도 있습니다. 저자들과 함께 수고해 주신 고재순, 권웅기, 김선희, 김훈태, 박경용, 이창훈, 이현경(가나다 순)님께 감사드립니다.

10여 년 전에 있었던 일이지만 아직도 어렵게 느껴집니다. 핵심 개념과 철학, 내용들을 최대한 잘 정리하고자 노력했지만 저자인 나 자신도 상당한 인내심이 필요한 책이라고 생각합니다. 그러나 인내심을 가지고 읽다 보면 정말 많은 깨달음이 있을 것이라고 확신합니다. 개인적으로 노무현 대통령과 인연을 맺어준 전기정 교수(상명대)에게 감사의 마음을 전하고 싶습니다. (강태영 저자)

다시금 기억을 떠올리는 일이 쉽지는 않았습니다. 혼자였다면 마무리하지 못 했을 일인데 함께 작업하고 도와준 분들이 있어 가능했다고 생각합니다. 머리 숙여 감사드립니다. 그리고 10년 전 초등학생이던 딸아이가 대학생이 되었습니다. 그땐 엄마가 무슨 일을 하는지도 몰랐는데 이젠 그림 작업도 도와주고 많은 힘이 되어 주었습니다. 사랑하는 딸(지헌)에게도 고맙다고 말하고 싶습니다. (민기영 저자)

노무현 대통령은 시대를 앞서서 사고하고 기획하고 실천하셨던 분입니다. 특히 대통령 재임시 일하는 방식을 보다 체계화하여 시스템으로 움직이는 정부를 지향하셨습니다. 이지원이 처음 청와대에 도입되었을 때 익숙하지 않은 업무 처리로 모든 직원들이 진땀을 뺐던 기억이 새롭습니다. 시스템을 만들어 나가고 적용시켜 나가는 과정은 지난한 과정이었습니다. 세월이 지나 다시 그 내용과 의미를 체계적으로 정리해 주셔서 감사합니다. 참여정부 국정운영과 관련한 소중한 기록입니다. (고재순)

오래 전 일이라 상세한 기억을 떠올리기 쉽지 않았을 텐데 훌륭한 기록물을 남겨주신 강 박사님과 민 대표님께 감사드립니다. 온전한 이지원이 온 나라 방방곡곡에 숨결처럼 스며들기를 그래서 강 박사님이 말씀하시는 시스템 민주주의가 실현되기를 간절히 바래봅니다. 이지원과 함께할 수 있어서 행복했습니다. (권웅기)

한동안 잊고 지낸 시간들을 되돌아보는 소중한 순간이었습니다. '이지원'의 철학을 이해 못하고 투덜대던 지난 시간을 반성도 하고, 뒤늦게 참여정부의 노력을 깨닫고 제대로 배울 수 있는 계기가 되었습니다. 이제는 올바른 정부운영의 기본 시스템으로 새로운 문화가 만들어지길 바래봅니다. 조금이나마 도울 수 있어 기쁘게 생각합니다. (김선희)

모든 시스템이나 제도가 민주적인 방향으로 발전해야 하는 이유는 어떤 인간도 완벽하지 않기 때문일 것입니다. 완벽하지 않은 개별적 인간들이 모여 가장 이상적으로 힘을 모았을 때 폭발적인 시너지가 발생합니다. 이지원 시스템은 인류가 발전하면서 인간만이 문화를 이룰 수 있었던 비결, 동아시아의 작은 나라가 수천 년을 견뎌내면서 만들어낸 세계에서 가장 방대한 기록 유산 조선왕조실록의 정신, 그 비결과 정신에서 이루어졌기 때문에 역시 기록으로 남겨야 한다고 봅니다. 그 결과물에 찬사를 보냅니다. (김훈태)

이지원 시스템은 혁신의 도구였습니다. 이를 통해 우리는 민주적으로 일하는 방식의 가치를 알게 되었고, 모든 업무를 이지원 중심으로 통합하기 위해 많은 노력을 기울였던 것 같습니다.

이지원의 기능이 아니라, 이지원이 추구한 일하는 방식의 혁신을 전파하기 위해서 노력하신 강 박사님과 민 대표님께 감사드립니다. (박경용)


변화에 있어 리더의 역할이 얼마나 중요하고, 또 변화가 얼마나 휘발성이 높은 것인지 다시 한번 생각하게 해주는 책입니다.

시대를 앞서 간 대통령이 이루고자 했던 시스템 민주주의가 이 책의 발간을 계기로 다시금 논의되는 모습을 그려봅니다. (이창훈)


이 책을 통해 이지원의 부활을 꿈꾸게 됩니다. 지금은 꺼져버린 이지원에 언어로써 심장을 불어넣어 주셨습니다. 다시금 이지원에 로그인하는 날이 오길 기다려 봅니다.

그리고 그때는 시스템 민주주의가 꽃피울 때임을 믿습니다. 밤낮없이 일하던 그 시절이 부디 양분이 되었길 바랍니다. (이현경)